Structural Dynamic Analysis of Bridge Deck Pavement System

桥面铺装体系复合结构动力学分析

钱振东　刘云　黄卫　著

人民交通出版社股份有限公司
China Communications Press Co.,Ltd.

内容提要

本书从动力学角度出发,对大跨径缆索支承桥梁、立转式开启桥、铁路钢桁架桥、混凝土梁桥等桥型,综合考虑桥梁结构特点及交通承载特点,分析其沥青混凝土铺装体系在动力荷载作用下的力学响应,揭示桥面铺装复合体系力学特性与桥梁支撑结构、铺装设计参数及交通环境参数等的关系,为不同桥型沥青混凝土铺装体系结构与材料设计、有效维养提供理论依据。

本书可供从事桥梁和道路领域科研、教学和工程设计人员使用,也可作为相关专业研究生教材或学习参考书。

图书在版编目(CIP)数据

桥面铺装体系复合结构动力学分析 / 钱振东,刘云,黄卫著. —北京:人民交通出版社股份有限公司,2015.2

ISBN 978-7-114-12056-5

Ⅰ.①桥… Ⅱ.①钱… ②刘… ③黄… Ⅲ.①桥面铺装-动力学分析 Ⅳ.①U443.33

中国版本图书馆 CIP 数据核字(2015)第 027861 号

书　　名:桥面铺装体系复合结构动力学分析
著 作 者:钱振东　刘云　黄卫
责任编辑:王文华
出版发行:人民交通出版社股份有限公司
地　　址:(100011)北京市朝阳区安定门外外馆斜街 3 号
网　　址:http://www.ccpress.com.cn
销售电话:(010)59757973
总 经 销:人民交通出版社股份有限公司发行部
经　　销:各地新华书店
印　　刷:北京市密东印刷有限公司
开　　本:720×960　1/16
印　　张:7
字　　数:117 千
版　　次:2015 年 2 月　第 1 版
印　　次:2015 年 2 月　第 1 次印刷
书　　号:ISBN 978-7-114-12056-5
定　　价:28.00 元

前　　言

近年来，我国桥梁建设已达到世界领先水平，根据桥梁结构材料，桥梁可分为钢桥和混凝土桥等，根据桥梁的功能，桥梁可分为公路桥、铁路桥及开启桥等。沥青混凝土铺设在桥面板上组成铺装体系复合结构，其目的是保护桥面板并满足行车要求。

公路（或铁路）桥铺装层在通车运营状态下，承受着反复的车辆（或列车）动荷载作用，而满足港口和航道建设、内河枢纽通航要求的立转式开启桥桥梁悬臂结构在不断的开启和闭合过程中，铺装层与桥面板之间的黏结薄弱部位将承受着不断变化的反复剪切作用，再加之恶劣的环境影响，较易产生早期病害，减少铺装层的使用寿命。虽然，多数破坏的桥面铺装都进行过维修，但效果仍不能令人满意，经常性的维修工作给桥梁建设和管理单位带来了巨大的经济和工作负担，也造成了不利的社会影响。

作为铺装体系复合结构重要组成部分的铺装层与桥面板，通常是两种力学参数相差较大的材料，在动荷载作用下的力学响应较为复杂。不同桥型桥梁结构的变形对铺装层的影响也不同。另外，作为桥面铺装的主要材料沥青混凝土是一种典型的黏弹塑性材料，其力学特性和路用性能随温度和荷载作用方式的变化差异很大。因此，桥面铺装的力学问题逐渐成为桥梁及道路工程交叉领域的研究热点之一。

笔者主持了武汉阳逻长江公路大桥、上海长江大桥、武汉天兴洲公铁两用大桥、天津海河响螺湾开启桥、东新赣江特大桥、泰州长江公路大桥等10余项重点重要工程的科研项目，在桥面铺装动力分析方面积累了丰富的经验。

全书共分6章。第1章介绍桥面铺装的材料及结构力学模型、主要病害及力学控制指标，以及铺装力学分析的发展现状；第2章介绍用于桥面铺装动力分析的主要力学理论知识、车辆（或列车）动荷载的模拟方法，以及铺装体系复合结构的建模方法；第3~6章介绍大跨径缆索支承桥梁、立转式开启桥、铁路钢桁架桥、混凝土梁桥等不同桥梁中的桥面铺装体系在动荷载作用下的动响应，以期为桥梁建设提供理论支持。

本书涉及的专业技术面广，因水平有限，难免有错误与不当之处，敬请读者批评指正，以便于进一步改进和提高。

作者
2014 年 10 月于南京

目　　录

第 1 章　绪论 …… 1

1.1　研究背景 …… 1

1.2　桥面铺装材料及力学模型 …… 3

1.3　桥面铺装体系复合结构 …… 6

1.4　桥面铺装主要病害及力学控制指标 …… 8

1.5　桥面铺装力学理论研究现状 …… 12

1.6　本章小结 …… 13

第 2 章　桥面铺装体系复合结构动力分析方法 …… 15

2.1　桥面铺装动力分析的基本理论与方法 …… 15

2.2　桥面铺装层动荷载 …… 21

2.3　铺装体系复合结构建模方法 …… 30

2.4　本章小结 …… 31

第 3 章　缆索支承桥梁桥面铺装动力分析 …… 32

3.1　概述 …… 32

3.2　正交异性钢桥面板铺装动力分析 …… 33

3.3　铺装“多尺度”有限元动力分析 …… 42

3.4　本章小结 …… 51

第 4 章　立转式开启桥桥面铺装动力分析 …… 52

4.1　概述 …… 52

4.2　开启桥铺装结构有限元模型 …… 52

4.3　开启桥铺装结构开启过程动力分析 …… 57

4.4　开启桥铺装结构通车过程动力分析 …… 64

4.5　通车和开启状态下的力学响应对比 …… 70

4.6　本章小结 …… 70

第 5 章　铁路钢桁架桥防护层动力分析 …… 72

5.1　概述 …… 72

5.2　列车—轨道—柔性保护层—桥面板耦合结构有限元模型 …… 73

5.3　柔性保护层动力分析 …… 81
5.4　考虑层间接触的耦合体系防水界面动响应分析 …… 85
5.5　本章小结 …… 90
第6章　混凝土梁桥桥面铺装动力分析 …… 92
6.1　概述 …… 92
6.2　混凝土连续梁桥桥面铺装有限元模型 …… 92
6.3　连续梁桥铺装动力分析 …… 97
6.4　本章小结 …… 100
参考文献 …… 101

第1章　绪　　论

1.1　研究背景

近年来,我国钢桥建设已达到世界领先水平,国内已建成的南京长江二桥、南京长江三桥、润扬长江公路大桥、苏通大桥、杭州湾大桥等多座跨江或跨海的大跨径悬索桥和斜拉桥,几乎都采用加劲钢箱梁作为有效的主梁结构形式。满足港口和航道建设与维护、内河枢纽通航要求的立转式开启桥也采用了钢箱梁形式,例如天津海河响螺湾开启桥。另外,还有满足铁路通行要求的钢桁连续梁桥,其钢桥面顶板与钢箱梁类似,均采用了正交异性钢板。水泥混凝土桥是我国公路工程中主要的桥梁形式之一,主梁断面形式多采用箱梁形式,其纵梁及横梁组成也类似正交异性支撑结构。图1.1为部分国内著名的斜拉桥、悬索桥、立转式开启桥、钢桁梁桥及混凝土梁桥图片。

a)润扬长江公路大桥北汊斜拉桥(公路钢箱梁桥)

图　1.1

b)润扬长江公路大桥南汉悬索桥(公路钢箱梁桥)

c)天津海河响螺湾开启桥(立转式开启桥)

d)东新赣江特大桥(铁路钢桁架桥)

图 1.1

e)厦门仙岳路西段高架桥(混凝土箱梁桥)

图 1.1　正交异性支撑结构桥梁

沥青混凝土桥面铺装直接铺设在正交异性支撑结构上组成铺装体系复合结构,其目的是保护桥面板并满足行车要求。当汽车在铺装表面高速行驶时,车轮与桥面发生相互作用,铺装结构所产生的力学响应是一个随时间变化的量,即铺装层结构承受的是动力学作用,这与广泛使用的铺装结构静力学模型有较大的区别。

铺装层在车辆动荷载重复作用下会出现疲劳开裂、车辙及层间脱黏等病害。研究桥面铺装在车辆动荷载作用下的力学响应可以得到铺装层主要病害的力学控制指标值,为铺装层材料及结构设计、施工提供等提供理论参考依据。

1.2　桥面铺装材料及力学模型

1.2.1　桥面铺装材料

各国研究者结合本国国情,对铺装层材料的性能和结构形式分别做出了相应的规定。为提高桥面铺装层的使用耐久性,各国均尽量采用优质的沥青混凝土,尤其是钢桥面铺装用沥青混凝土。目前国内外的桥面沥青类铺装材料主要有:浇注式沥青混凝土、改性沥青 SMA、环氧沥青混凝土等。

1)浇注式沥青混凝土

浇注式沥青混凝土起源于德国,并在英国、瑞典、丹麦、日本等国家得到较广泛的应用。浇注式沥青混凝土最初只用于道路和桥面铺装上因工作面积小、无法采用机械碾压的局部修补中,后来发现浇注式沥青混凝土具有良好的防水性和较高的变形追随性,其才被广泛应用于钢桥面铺装。

浇注式沥青混凝土铺装采用高含量的特里尼达天然湖沥青或聚合物改性沥青，高含量矿粉，低空隙率（小于1%），无需防水层，抗老化、抗裂性能强；其分两个阶段高温（220～250℃）下拌和，浇注式摊铺，摊铺时其具有一定的流动性，无需碾压，自由流动密实成型。为增强铺装上下层的结合及增强浇注式混合料的热稳性，一般在其上撒布一层粒径5～13mm及13～20mm的预拌碎石，并压入浇注式混凝土中。

但是，浇注式沥青混凝土高温稳定性差，易形成车辙。施工需要一系列专用设备，对气候和桥面清洁度要求苛刻。一般只适用于夏季温度不太高的国家和地区，如德国和英国等一些欧洲国家和亚洲的日本。而在热带和亚热带夏季气温高且持续时间长的地区，它的适用性有待进一步验证。

2）改性沥青SMA

SMA（Stone Mastic Asphalt）是在沥青玛蹄脂混合料的基础上，进一步增大碎石用量，从而形成粗集料间良好嵌挤的骨架密实型结构，这就为SMA提供了良好的热稳性和粗糙混合料表面。SMA与其他类型混合料的重要区别之一是SMA混合料掺入了纤维，纤维的加入使混合料中的沥青含量增大至6.0%～7.0%，矿粉的含量也相应地增大至8%～12%，从而使SMA混合料的孔隙率降低至2.5%～3.5%。较高的沥青用量和较厚的沥青膜使得SMA混合料的耐久性、低温抗裂性和抗疲劳性都得到了明显的改善，SMA混合料在欧美等国受到了很大的重视，被大量地应用于道路与桥面铺装中。

在日本，SMA多用于铺装下层，以增强铺装层的抗车辙性能，面层仍多用密级配改性沥青混凝土、开级配改性沥青混凝土；在德国，改性沥青SMA既可用于铺装下层，也可用于铺装面层。在美国，美国国家公路战略研究计划（Strategic Highway Research Program，简称SHRP）制定了Superpave级配的控制点与相应的禁区范围，对SMA混合料的设计进行了完善，高黏度改性沥青或高弹改性沥青SMA进一步增强了混合料的性能。

3）环氧沥青混凝土

环氧沥青混凝土是将环氧树脂加入沥青混凝土中，经与固化剂发生固化反应，形成不可逆的固化物，其路用性能比普通沥青混合料优异得多。环氧沥青混凝土由于其热固性和优良的力学性能，尤其适用于桥面铺装。目前环氧沥青混凝土铺装在美国、加拿大、荷兰和澳大利亚等国家得到大量应用，美国和德国还编写了相应的环氧沥青桥面铺装规范。

从世界上采用环氧沥青混凝土铺装的桥面铺装层的使用情况来看，成功和失败的例子都有。美国的环氧沥青混凝土钢桥面铺装专家认为,对桥梁所处的气候(温度)条件、交通荷载等因素考虑不周而导致的设计失误或施工控制不严是造成环氧沥青混凝土铺装失败的主要原因,在正确设计和施工的前提下,环氧沥青混凝土桥面铺装在设计年限内一般不会出现破坏。日本的钢桥面铺装专家认为,单从环氧沥青混凝土本身的性能来看,其是一种非常好的材料,但是这种材料受成型时温度、时间等因素变化的影响很大,施工条件苛刻,施工中对其质量很难控制,其相关技术资料在国外多属于专利产品。只有施工技术先进、组织合理,并配以严密的质量控制体系,环氧沥青混凝土的施工质量才能达到设计要求。

在国内桥面铺装中应用的环氧沥青混凝土主要产自美国、国产和日本,美国和国产环氧沥青属于温拌环氧沥青,日本环氧沥青属于热拌环氧沥青。这三种环氧沥青都有在大跨径钢桥桥面铺装的应用实例。此外国产环氧沥青混凝土由于原材料配合比设计的自主调控性,在水泥混凝土桥面铺装中也得到了大量使用,在道路路面中主要应用于下封层黏结料以及重载等特殊区段的路面结构层。

1.2.2 铺装用沥青混合料本构模型

从宏观意义来看,沥青混凝土中约有95%的材料是各种不同粒径和品种的粗、细集料和矿粉颗粒,物理结构总体上是松散的,可以认为是一种典型的颗粒性材料。在目前的研究中普遍认为沥青混合料是一种典型的黏、弹、塑性综合体,在低温小变形范围内接近线弹性体,在高温大变形活动范围内表现为黏塑性体,而在通常温度的过渡范围内则为一般黏弹性体。

1)线弹性

在桥面铺装体系复合结构计算过程中,将桥面铺装层作为多层弹性层状结构,假设沥青混凝土是均匀的、连续的、各向同性的弹性材料,采用线弹性理论来分析铺装体系的荷载应力、应变,每层铺装结构基于胡克定律(Hooke)都被赋予杨氏弹性模量 E 及泊松比 μ 两个材料变形参数。线弹性的材料分析模型本构方程较为简单,在短时间段的结构瞬态动力分析中应用较为广泛。

2)黏弹性

沥青混凝土桥面铺装材料的黏弹性力学特征主要表现在以下几个方面。

(1)应力—应变关系曲线性及其不可逆性,同时有别于像金属材料具有明显的屈服点(弹性极限);

(2)对加载速度(时间效应)和试验温度(温度效应)的依赖性,并服从时间温度换算法则;

(3)具有明显的蠕变与应力松弛特性；

(4)对于线性黏弹性材料，服从 Boltzmann 线性叠加原理和复数模量(Complex Modulus)原理。

众多学者的研究表明，采用四个参数的 Burgers 模型与广义 Maxwell 模型(多个 Maxwell 并联模型)可以较准确地描述沥青混合料的黏弹性行为。

3)黏塑性

桥面铺装在一定的温度和荷载条件下会发生车辙等损坏，大量的现场观测表明，桥面铺装的车辙是由沥青混合料产生的不可恢复的永久变形所引起，而沥青混凝土的塑性变形性质能产生永久变形，且黏塑性应变在重复荷载作用下是有累积的。

沥青混合料在铺装体系所处的复杂应力状态下适合采用的屈服条件到目前为止没有统一的研究成果，已经被使用的屈服条件包括屈服面为圆锥形的 Drucker-Prager 屈服条件、Von Mises 屈服条件等。

有学者将塑性变形合并到黏塑性变形中，把沥青混合料的变形分为弹性、黏弹性和黏塑性变形，采用 Perzyna 黏塑性理论描述黏塑性变形，而这一理论与经典塑性理论的不同就在于采用率流动法则替换了经典塑性流动法则。

1.3 桥面铺装体系复合结构

由于不同的使用环境及发展历史，各国的正交异性钢桥面铺装结构也有较大不同，荷兰、法国、德国、比利时、英国、美国和日本均形成了本国的典型钢桥面铺装结构组合方案。欧洲国家钢桥面铺装主要采用沥青玛蹄脂作为底层或磨耗层；美国主要采用环氧沥青混凝土铺装；日本主要采用浇注式沥青混凝土铺装。国内自南京长江二桥开始，大批桥梁采用环氧沥青混凝土铺设在大跨径钢桥面，例如南京长江三桥、南京长江四桥、武汉阳逻长江公路大桥、上海长江大桥、武汉天兴洲大桥、泰州大桥等工程。目前国内外钢桥面铺装的典型结构形式如图 1.2 所示。

国内外经过几十年的实践与探索，结合各自国家和地区的具体情况，在水泥混凝土桥梁桥面铺装方面选用的结构类型与厚度不尽相同，一般的沥青混凝土铺装层包括防水层和沥青混凝土面层，如图 1.3 所示。

根据国内外钢桥面和水泥混凝土桥面的典型铺装体系复合结构形式，在进行铺装结构动力分析时，可建立“铺装层—防水黏结层—桥梁支撑层”的复合结构模型，根据研究目标和模型尺度可选择合适的单元来离散复合结构的各组成部分，采用有限单元法数值模拟分析铺装各结构层受力特征。

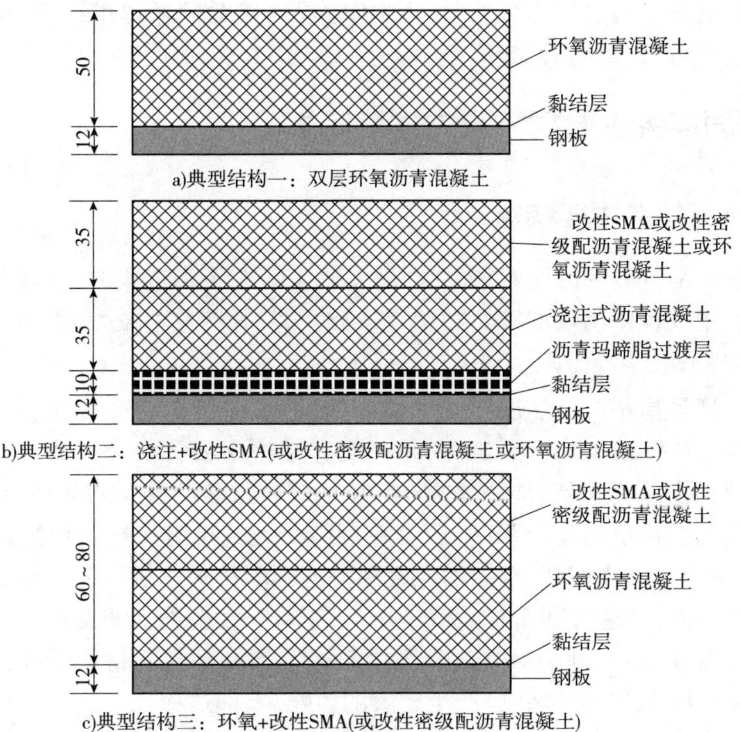

图 1.2 典型钢桥面铺装结构(尺寸单位:cm)

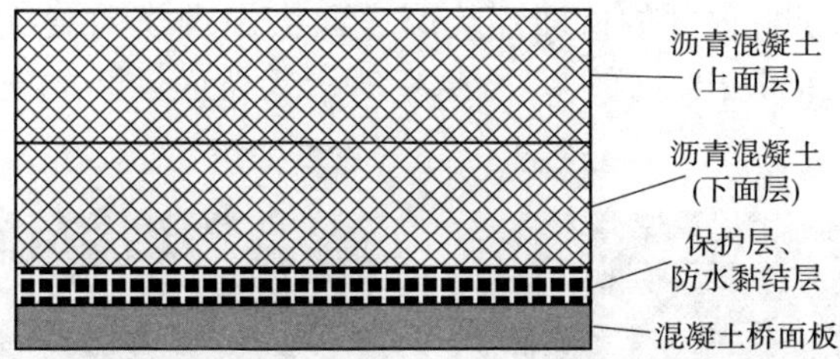

图 1.3 水泥混凝土桥桥面典型铺装结构

防水黏结层是影响整个铺装体系复合结构力学性能的关键因素之一,也是桥面铺装与普通路面结构的一个主要区别,且黏结层破坏或失效可导致铺装层与桥面脱黏,通常被视为铺装的完全破坏。因此,建立复合结构模型时要考虑防水黏结层的作用,以研究铺装与支撑结构层间在动力作用下的力学响应。

在铺装体系复合结构中,铺装层与防水黏结层、防水黏结层与桥面板之间并不是位移完全连续的,存在界面接触,尤其是在已发生局部破坏的情况下。数值模拟方法及计算机技术的发展为分析复合结构中界面接触问题提供了有力的工具,对接触的全过程可进行计算机数值模拟。

1.4 桥面铺装主要病害及力学控制指标

1.4.1 桥面铺装主要病害

影响桥面铺装破坏的因素很复杂,除了施工工艺不当造成的一些病害,沥青混合料铺装使用过程中出现的破坏类型有疲劳开裂、脱层及车辙等。

1)*疲劳开裂*

疲劳开裂是指桥面铺装层在正常使用情况下,由行车荷载和温度变化的多次反复作用引起的铺装层的开裂破坏,是正交异性桥面沥青混合料铺装的主要破坏类型。由于工作环境和受力模式的不同,桥面铺装层疲劳开裂的破坏形式、破坏位置与沥青路面结构层的完全不同,后者在疲劳开裂开始时形成细而短的横向或纵向裂缝,并逐渐扩展成网状,开裂的宽度和范围不断扩大。桥面沥青混合料铺装层由正交异性桥面板支撑,在车辆荷载作用下,正交异性桥面板的变形导致纵向加劲肋、横隔板(或横向加劲肋)、纵隔板、主梁腹板等加劲部件与桥面板连接处成为高应力区,并在这些位置的铺装层产生较大的负弯矩,即这些位置的铺装层表面是拉应力或拉应变集中区。因此,疲劳开裂首先出现在铺装层表面,然后逐渐向底面发展。在纵向加劲肋、纵隔板、主梁腹板顶部的桥面铺装层表面会出现纵向裂缝;在横隔板(或横向加劲肋)顶部的桥面铺装层表面会出现横向裂缝;在横隔板与加劲肋交汇处,铺装层表面易出现网裂。图1.4所示为桥面铺装的典型纵向、横向裂缝及网状裂缝。

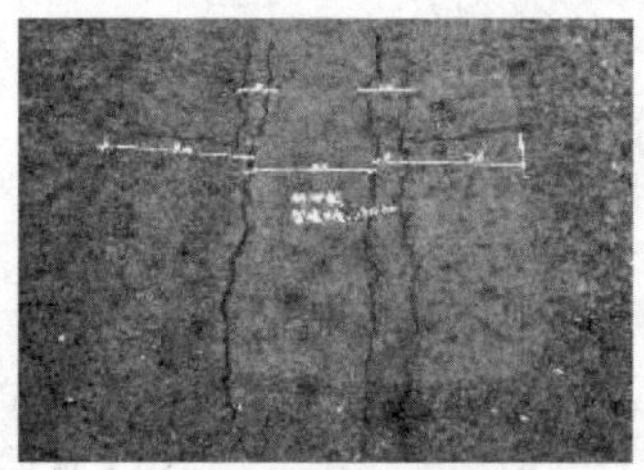

a)纵向、横向裂缝

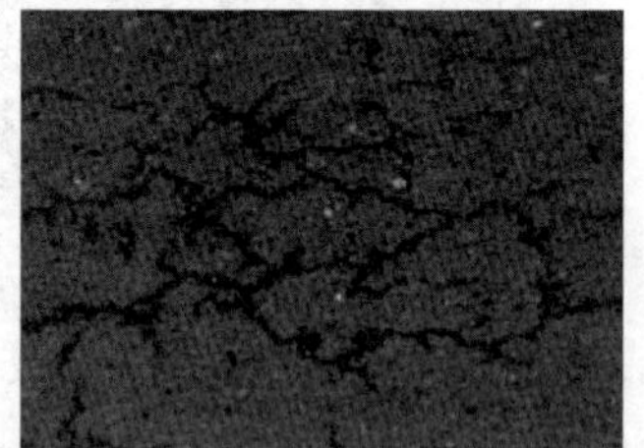

b)网状裂缝

图1.4 裂缝类病害

疲劳开裂涉及许多方面的影响因素,如沥青混合料的特性、交通量及行车荷载等级、沥青铺装层厚度及结构总体强度、正交异性桥面板厚度、加劲肋尺寸、横隔板间距及厚度，以及自然环境因素等。因此，疲劳开裂与沥青混合料及铺装结构设计有关。桥面沥青混合料铺装层在重复高应力或较高应力的作用下，会由于疲劳而产生裂缝，这些疲劳开裂通常出现在低温或常温季节。最常见的疲劳开裂表现为加劲肋顶部的铺装层表面出现纵向裂缝。但如果在交通荷载作用下或长时间暴露在阳光、气温、雨水下，铺装层的工作条件超过了材料的弹性极限，沥青混凝土结合料的本身特性不能实现裂缝的自我修复功能或者铺装混合料发生了不可逆转的变化，则铺装层的疲劳开裂也会出现在高温季节。

2）*黏结层失效或脱层*

黏结层失效或脱层是钢桥面铺装特有的一种破坏类型。铺装层与钢桥面板之间要加铺黏结层，保证铺装层与钢桥面板能组成一个整体共同受力，同时铺装层与钢桥面板间的黏结作用对保证整个正交异性钢桥面铺装体系的复合作用，以及在交通荷载作用下铺装层与钢桥面板的协调变形至关重要。铺装层与钢板的复合作用不仅降低了沥青混合料铺装层内部的应力，也降低了钢桥面板内部的应力以及板肋焊接处的应力，因此这种复合作用对整个铺装体系各部分的受力均是有利的，而且模量比系数 n（定义为钢板的弹性模量与沥青铺装层模量的比值）越小，这种复合作用的效果越强，铺装体系各部分内部的荷载应力就越低。因此黏结层的完好对改善桥面铺装层的受力条件非常重要。同时，在目前修建的大跨径钢桥桥面沥青混合料铺装体系中，为了施工方便，一般在多层铺装体系中取消了专门的防水层，而采用黏结性能、防水性能均较好的材料作为黏结层，则这样的黏结层就集黏结与防水两大功能为一身，如我国已建成的江阴长江大桥在浇注式沥青式混凝土与钢桥面板之间设置了2mm厚的橡胶沥青，既作为黏结层，也作为防水层。这样，黏结层的破坏也意味着防水层的破坏，会导致雨水、湿气直接接触钢板引起锈蚀，影响整个桥梁结构的强度。

在行车荷载和温度等的共同作用下，钢桥面铺装层与钢板间存在较大的剪应力，引起较大的剪切变形，当铺装层与钢板之间结合界面的黏结力差、抵抗水平剪切能力较弱时，在水平方向便产生相对位移，直至黏结层失效或脱层。铺装层与钢板之间黏结层的破坏或脱层不仅大大降低了两者的复合作用，增加了铺装层内部的应力，加速了铺装面层的破坏，而且给修复工作带来了极大困难，增加了修复费用。有时钢桥面铺装发生铺装层与钢板之间黏结力丧失，产生黏结层失效或脱层时，铺装面层仍能保持整体性，并未发生严重破坏，但对层间黏结失效破坏或脱层的修复方法只能是将黏结层破坏区域的沥青混凝土铺装层（不管破坏与否）全部铲去，重新铺洒黏结层，重筑铺装层。这样大大增加了工程费用，且修复时会妨碍

图 1.5　车辙

交通正常运行，因此必须严格控制黏结层失效破坏或脱层。

3）车辙

如图 1.5 所示，车辙主要是由于桥面铺装层在高温季节或长时间承受车辆荷载（包括交通量成倍增长、重载、超载、慢速行驶、渠化交通）的作用下，铺装层沥青混合料的抗永久变形能力不足引起的，尤其在高温季节，铺装材料因本身较强的黏塑性而表现出更大的抗永久变形能力不足。或是由于铺装层与桥面间的抗剪切能力不足，尤其是高温季节，黏结层材料强度大幅度降低，从而加速车辙的发展。两者均表现为铺装层表面轮迹处出现沉陷及侧向隆起现象。前者可通过沥青混合料的材料设计，控制好混合料的高温抗永久变形性能，设计合适的空隙率，提高混合料的水稳定性，避免水下渗破坏黏结层而加速出现车辙破坏，并进行合理的铺装层厚度设计。后者可通过改善黏结材料的性能及施工工艺，减轻甚至避免车辙变形。

1.4.2　桥面铺装主要力学控制指标

正交异性桥面铺装的破坏通常发生在主梁腹板、纵向加劲肋和纵隔板上方，由于横向负弯矩引起的铺装层表面弯拉应力或应变导致纵向疲劳裂缝，以及由于纵向负弯矩引起的横隔板上方的铺装层表面弯拉应力或应变导致横向疲劳裂缝的情况比较多；其次是铺装层与钢桥面板之间的黏结力不足导致的一次性或疲劳剪切破坏；最后是车辙破坏。这些主要破坏（除车辙外）都与正交异性桥面板的局部受力变形有关。针对桥面铺装的主要破坏类型，提出相应的设计指标，这些设计指标也是后面分析桥面铺装结构受力特点的研究重点。

1）铺装层疲劳开裂

以疲劳开裂作为桥面铺装的设计标准时，以铺装层的最大拉应力或最大拉应变作为设计指标，设计中控制铺装层的最大拉应力（变）不超过铺装材料相应的容许值，即

$$\left.\begin{aligned}\varepsilon_{tmax} \leqslant [\varepsilon_t]_R \\ \sigma_{tmax} \leqslant [\sigma_t]_R\end{aligned}\right\} \qquad (1.1)$$

式中，ε_{tmax} 为理论计算得到的铺装层的最大拉应变；$[\varepsilon_t]_R$ 为由疲劳方程确定的铺装层的容许拉应变；σ_{tmax} 为理论计算得到的铺装层的最大拉应力（MPa）；$[\sigma_t]_R$ 为由疲劳方程确定的铺装层的容许拉应力（MPa）。

疲劳方程是铺装层材料承受重复荷载次数与应力(变)水平之间的关系,可表示为疲劳曲线。铺装层疲劳寿命的大小,主要取决于铺装层周围的环境因素和材料特性,可通过室内试验和现场路段的观测建立疲劳方程。设计时,根据铺装层的设计使用年限求得累计荷载作用次数,根据疲劳方程确定桥面铺装所容许的重复应力(变)大小,即材料的疲劳强度,它比一次荷载作用的极限值小得多。

2)铺装层与桥面板层间剪切破坏

以层间剪切破坏作为铺装层的设计标准时,将铺装层与桥面板层间的最大剪应力作为设计指标,设计中控制层间的最大剪应力不超过黏结层材料相应的容许抗剪强度,即

$$\tau_{max} \leqslant [\tau]_R \tag{1.2}$$

式中,τ_{max}为理论计算得到的铺装层与桥面板层间的最大剪应力(MPa);$[\tau]_R$为黏结层材料或防水层的容许抗剪强度(MPa)。

沥青混凝土桥面铺装采用的黏结层材料一般为改性沥青、乳化沥青等高分子聚合物,这些材料的性质随温度的改变而变化很大。在高温季节,黏结层材料的抗剪强度较低,很容易发生剪切滑移破坏。事实也表明,黏结层的剪切破坏一般发生在高温的夏季,因此层间剪应力这项设计指标特别适用于高温情况下的铺装层设计。

3)车辙

以车辙作为桥面铺装的设计标准时,采用类似于路面控制车辙的两种设计指标:一种是铺装层厚度的变化Δh以及铺装层的整体压应变;另一种是沥青混凝土铺装层的残余变形。

对于第一种指标,可表示为:

$$\left.\begin{aligned} &\Delta h \leqslant [\Delta h]_R \\ &\varepsilon_Z = \Delta h / H_0 \leqslant [\varepsilon_Z]_R \end{aligned}\right\} \tag{1.3}$$

式中,Δh为荷载作用下的铺装层厚度变化量(cm);$[\Delta h]_R$为容许的铺装层厚度变化量(cm);ε_Z为弹性体理论计算得到的铺装层垂直压应变;$[\varepsilon_Z]_R$为容许的铺装层垂直压应变;H_0为铺装层的初始厚度(cm)。

对于第二种指标,可表示为:

$$D_r \leqslant [D_r]_R \tag{1.4}$$

式中,D_r为沥青混凝土铺装层的计算残余变形(mm);$[D_r]_R$为容许残余变形(mm)。

沥青混合料的高温抗剪强度不足而产生的侧向流动变形的程度与沥青混合料本身的高温稳定性直接有关,因此以车辙作为桥面铺装的设计控制指标特别适用于高温情况下的铺装层材料设计。

根据以上阐述,可以提出铺装层相应的主要力学控制指标:铺装层表面拉应力、铺装层与钢桥面板层间剪应力、铺装层垂直压应变、铺装层剪应力及肋间挠度等。在后续动力响应的分析中,根据侧重点的不同选择其中部分力学控制指标值进行计算。

1.5 桥面铺装力学理论研究现状

各国学者从力学理论的角度对铺装体系进行了研究。首先体现在对正交异性钢桥面板的力学性能的研究。1957 年,Pelikan 与 Esslinger 共同提出了 Pelikan-Esslinger 方法,简称 P. E 法。P. E 法是把钢桥面铺装体系分为三个子系统,分部计算,然后将结果叠加并修正,得到柔性支承上正交异性桥面板的静力解。此后,他们又对正交异性钢桥面板进行了一系列简化,给出了不计偏心的正交异性加劲板的位移方程。N. E. Shanmugam 利用能量方法研究了各向异性桥面板单向面内荷载作用时的应力、应变和位移。A. H. Sheikh 与 M. Mukhopadhyay 采用有限条分析方法对加劲梁进行了几何非线性分析,成功地将非线性板理论应用于正交异性加劲板的计算中。

随着有限元技术和计算机技术的迅猛发展,各国研究人员采用有限元方法,借助于通用有限元软件,选择合适的有限单元,建立了铺装体系复合结构仿真模型,对铺装结构进行力学分析。

部分学者在进行铺装结构有限元分析时,主要选择了横向包含数个纵向加劲肋、纵向包含数个横隔板的局部铺装体系复合结构模型进行受力分析。G. H. Gunther 和 S. Bild 分析了带加劲肋的桥面顶板,得出了车辆荷载作用下桥面铺装表面出现最大横向拉应力的位置,并且从控制铺装层破坏的角度提出了加劲肋间距、横梁间距、钢板厚度等参数的推荐值,并从钢桥面板厚度、主梁附近补强加劲肋、沥青铺装层的材料特性及铺装层强度等方面探讨了影响铺装层耐久性的因素。Charles Seim 和 Tim Ingham 通过有限元分析正交异性板模型,得出了正交异性板模型上铺装层的厚度和模量变化时铺装层和正交异性板在车辆荷载作用下的力学特性的变化规律。

我国学者在分析桥面铺装在车辆荷载作用下的力学特性时也取得了很大的进步。在静力学研究方面,肖秋明等根据刚性支撑的弹性层理论对钢桥面铺装的剪应力进行了分析。胡长顺等分析了设防水层的水泥混凝土桥面沥青混凝土铺装结构的力学行为。邓学钧、顾兴宇等应用有限条分析方法构建了铺装体系计算模型。赵锋军等应用有限元方法分析了直道试验钢桥模型。作者等在南京长江二桥、南京长江三桥、武汉阳逻长江公路大桥、上海长江大桥、武汉天兴洲大桥、泰州大桥等铺装工程设计中,通过数值分析得到了铺装结构的力学响应及不同参数对其的影响。

考虑桥型结构对铺装体系受力的影响,徐伟等通过整桥(梁杆单元建模)—局部梁段桥面板(壳单元建模)—铺装体系(实体单元建模)的三个阶段分析方法,采用两次子模型变形转移,在铺装层力学响应分析中考虑整桥变形。作者等以润扬长江公路大桥为工程背景,采用整桥—局部梁段—铺装体系的整体—局部分析方法研究了大跨径斜拉桥与悬索桥整桥变形对铺装受力的影响及区别。

考虑环境因素对铺装体系的综合影响,徐勋倩等采用损伤力学原理及方法,从力学近似法角度分析了环境温度和循环车辆荷载共同作用下钢桥面沥青混合料铺装的疲劳损伤特性,推导出疲劳试验复合梁的损伤场、应力和应变场。作者等建立了整桥鱼脊骨模型和基于复合材料层合板单元的铺装层体系计算模型,得到了黏结层在重载、整桥应力场及日照温度场耦合作用下的铺装最不利层间剪应力。

从国内外已有的桥面铺装力学理论研究现状来看,通过数值模拟手段建立仿真模型,分析铺装力学响应已成为力学分析的主要途径。

1.6　本章小结

沥青混凝土铺设在桥面板上组成铺装体系复合结构,其目的是保护桥面板并满足行车要求。但是由于结构或材料设计不当、严重的超载现象和严酷的环境条件等因素影响,铺装层可能会发生疲劳开裂、脱层及车辙等主要病害,产生破坏的主要外因是行车荷载的反复动力作用及恶劣的环境温湿度条件。再者,沥青混凝土是一种典型的黏弹塑性材料,其力学特性和路用性能随温度和荷载作用方式的变化差异很大。因此,有必要从动力学的角度出发,考虑桥梁结构特点,以及桥面与铺装的相互作用,分析沥青混凝土铺装层的力学响应,揭示铺装力学特性与桥梁结构、铺装设计及环境等参数的关系,从而为铺装层的结构与材料设计提供理论依据。

开展桥面铺装动力学研究不仅对优化铺装体系结构及材料设计具有现实意义,还将丰富复合结构及材料协同作用行为理论。国家交通基础设施建设规划将努力实现钢结构产业的倍增目标,钢桥建设将是实现目标的三大领域之一,因此,本书内容旨在揭示钢桥建设中铺装的关键科学问题。此外,我国早期建设的大量的水泥混凝土桥面有的接近服役期或者因病害面临再次铺装的问题,本书对于提升水泥混凝土桥面铺装的科技进步以及新材料和新技术的应用有积极推动作用。

第2章　桥面铺装体系复合结构动力分析方法

桥面铺装铺筑在公路桥或铁路桥桥面板上作为保护层,其在车辆动荷载作用下会产生动力响应,包括动内力和动位移等。铺装动力响应不仅是时间的函数,还与结构动力特征(固有频率、振型和阻尼)有关。本章介绍桥面铺装结构直接承受的车辆动荷载作用形式及计算方法,以及动力响应的求解方法和过程。

2.1　桥面铺装动力分析的基本理论与方法

对桥面铺装层进行力学分析必须结合桥面铺装体系复合结构的整体受力特性进行考虑。目前这种复杂结构的动力响应问题还较难用解析方法进行精确分析,而有限元方法则为解决此类问题提供了有效途径。

2.1.1　基本方程

三维弹性动力学的基本方程为:

(1)平衡方程:

$$\sigma_{ij,j}+f_i-\rho u_{i,tt}-\mu u_{i,t}=0 \qquad (在 V 域内) \tag{2.1}$$

(2)几何方程:

$$\varepsilon_{ij}=\frac{1}{2}(u_{i,j}+u_{j,i}) \qquad (在 V 域内) \tag{2.2}$$

(3)物理方程:

$$\sigma_{ij}=D_{ijkl}\varepsilon_{kl} \qquad (在 V 域内) \tag{2.3}$$

(4)边界条件:

$$u_i=\overline{u_i} \qquad (在 s_u 边界上) \tag{2.4}$$

$$\sigma_{ij}n_j=\overline{T_i} \qquad (在 s_\sigma 边界上) \tag{2.5}$$

(5)初始条件:

$$\begin{aligned} u_i(x,y,z,0)&=u_i(x,y,z)\\ u_{i,t}(x,y,z,0)&=u_{i,t}(x,y,z)\end{aligned} \tag{2.6}$$

式中，V 表示弹性体域，弹性体的全部边界为 S。一部分边界上已知外力$\overline{T_x}$、$\overline{T_y}$、$\overline{T_z}$称为力的边界条件，这部分边界用 s_σ 表示；另一部分边界上已知位移 $\overline{u}$、$\overline{v}$、$\overline{w}$ 称为几何边界条件或位移边界条件，这部分边界用 s_u 表示。

在直角坐标系 x_1、x_2、x_3 中，应力张量和应变张量都是对称的二阶张量，分别用 σ_{ij}和 ε_{ij}表示，且有 $\sigma_{ij}=\sigma_{ji}$和 $\varepsilon_{ij}=\varepsilon_{ji}$。式中，其他位移张量、体积力张量、面积力张量等都是一阶张量，用 u_i、$\overline{f_i}$、$\overline{T_i}$等表示。

式(2.1)中，$\sigma_{ij,j}$中“,j”表示对独立坐标 x_j 求偏导数，下标“j”重复出现两次，表示该项在该指标的取值范围内遍历求和，该重复指标称为哑指标。ρ 为质量密度；μ 为阻尼系数；$u_{i,tt}$和 $u_{i,t}$分别为 u_i 对 t 的二次导数和一次导数，即分别表示 i 方向的加速度和速度；$-\rho u_{i,tt}$和 $-\mu u_{i,t}$分别为惯性力和阻尼力。它们作为体积力的一部分出现在平衡方程中，是弹性动力学和静力学相区别的基本特点之一。

以上各式中的各个符号和弹性静力学方程中的符号相同。式(2.3)中，81 个比例常数 D_{ijkl}称为弹性常数，是四阶张量，由于应力张量是对称张量，张量 D_{ijkl}的两个前指标具有对称性；同理，由于应变张量也是对称张量，D_{ijkl}的两个后指标也具有对称性，即有 $D_{ijkl}=D_{jikl}$，$D_{ijkl}=D_{ijlk}$。只是在现在的情况下，载荷是时间的函数，因此位移、应变、应力也是时间的函数。也正因为如此，动力学问题的定解条件中还应包括初始条件，见式(2.6)。

以三维实体动力分析为例，用有限元方法求解的基本步骤如下。

(1)连续区域的离散化

结构动力学问题在两个重要的方面不同于它的静荷载问题，其中一个就是动力问题具有随时间变化的性质。在动力分析中，因为引入了时间坐标，处理的是四维(x,y,z,t)问题。在有限元分析中一般采用部分离散的方法，即只对空间域进行离散，这样一来，此步骤和静力分析时类似。

(2)构造插值函数

由于只对空间域进行离散，单元内位移 u、v、w 的插值分别表示为：

$$\left.\begin{aligned} u(x,y,z,t) &= \sum_{i=1}^{n} N_i(x,y,z)u_i(t) \\ v(x,y,z,t) &= \sum_{i=1}^{n} N_i(x,y,z)v_i(t) \\ w(x,y,z,t) &= \sum_{i=1}^{n} N_i(x,y,z)w_i(t) \end{aligned}\right\} \tag{2.7}$$

或写成

$$\boldsymbol{u} = \boldsymbol{N}\boldsymbol{a}^{e} \tag{2.8}$$

其中

$$\boldsymbol{u} = \begin{bmatrix} u(x,y,z,t) \\ v(x,y,z,t) \\ w(x,y,z,t) \end{bmatrix}$$

$$\boldsymbol{N} = [\boldsymbol{N}_1 \quad \boldsymbol{N}_2 \quad \cdots \quad \boldsymbol{N}_n], \qquad \boldsymbol{N}_i = N_i \boldsymbol{I}_{3\times 3} \qquad (i=1,2,\cdots,n)$$

$$\boldsymbol{a}^{e} = \begin{bmatrix} \boldsymbol{a}_1 \\ \boldsymbol{a}_2 \\ \vdots \\ \boldsymbol{a}_n \end{bmatrix}, \qquad \boldsymbol{a}_i = \begin{bmatrix} u_i(t) \\ v_i(t) \\ w_i(t) \end{bmatrix} \qquad (i=1,2,\cdots,n)$$

式中,各符号的意义与静力分析相同,只是结点参数 $\boldsymbol{a}^{e}$ 和 $\boldsymbol{a}_i$ 现在是时间的函数。

(3)形成系统的求解方程

平衡方程式(2.1)及力的边界条件式(2.5)的等效积分形式的伽辽金提法可表示为:

$$\int_V \delta u_i(\sigma_{ij,j} + f_i - \rho u_{i,tt} - \mu u_{i,t})\mathrm{d}V - \int_{S_\sigma} \delta u_i(\sigma_{ij}n_j - \overline{T_i})\mathrm{d}s = 0 \tag{2.9}$$

对式(2.9)的第1项 $\int_V \delta u_i \sigma_{ij,j}\mathrm{d}V$ 进行分步积分,并代入物理方程,则可得到:

$$\int_V (\delta\varepsilon_{ij}D_{ijkl}\varepsilon_{kl} + \delta u_i\rho u_{i,t} + \delta u_i\mu u_{i,t})\mathrm{d}V = \int_V \delta u_i f_i\mathrm{d}V + \int_{S_\sigma} \delta u_i \overline{T_i}\mathrm{d}s \tag{2.10}$$

将空间离散后的位移表达式(2.8)(现在情况下,$u_1 = u, u_2 = v, u_3 = w$)代入上式,并注意结点位移变化 δa 的任意性,最终得到系统的求解方程(在动力学问题中,又称为运动方程)如下:

$$\boldsymbol{M}\ddot{\boldsymbol{a}}(t) + \boldsymbol{C}\dot{\boldsymbol{a}}(t) + \boldsymbol{K}\boldsymbol{a}(t) = \boldsymbol{Q}(t) \tag{2.11}$$

式中,$\ddot{\boldsymbol{a}}(t)$、$\dot{\boldsymbol{a}}(t)$ 分别为系统的结点加速度向量和结点速度向量;$\boldsymbol{M}$、$\boldsymbol{C}$、$\boldsymbol{K}$、$\boldsymbol{Q}(t)$ 分别为系统的质量矩阵、阻尼矩阵、刚度矩阵和结点荷载向量,并分别由各自的单元矩阵和向量集成,即

$$\begin{aligned} \boldsymbol{M} &= \sum_{e}\boldsymbol{M}^{e}, \qquad \boldsymbol{C} = \sum_{e}\boldsymbol{C}^{e} \\ \boldsymbol{K} &= \sum_{e}\boldsymbol{K}^{e}, \qquad \boldsymbol{Q} = \sum_{e}\boldsymbol{Q}^{e} \end{aligned} \tag{2.12}$$

其中

$$\left.\begin{aligned} \boldsymbol{M}^{\mathrm{e}} &= \int_{V_{\mathrm{e}}} \rho \boldsymbol{N}^{\mathrm{T}} \boldsymbol{N} \mathrm{d}V \\ \boldsymbol{C}^{\mathrm{e}} &= \int_{V_{\mathrm{e}}} \mu \boldsymbol{N}^{\mathrm{T}} \boldsymbol{N} \mathrm{d}V \\ \boldsymbol{K}^{\mathrm{e}} &= \int_{V_{\mathrm{e}}} \boldsymbol{B}^{\mathrm{T}} \boldsymbol{D} \boldsymbol{B} \mathrm{d}V \\ \boldsymbol{Q}^{\mathrm{e}} &= \int_{V_{\mathrm{e}}} \boldsymbol{N}^{\mathrm{T}} \boldsymbol{f} \mathrm{d}V + \int_{S_{\sigma}^{\mathrm{e}}} \boldsymbol{N}^{\mathrm{T}} \boldsymbol{T} \mathrm{d}s \end{aligned}\right\} \tag{2.13}$$

式中，$\boldsymbol{M}^{\mathrm{e}}$、$\boldsymbol{C}^{\mathrm{e}}$、$\boldsymbol{K}^{\mathrm{e}}$、$\boldsymbol{Q}^{\mathrm{e}}$ 分别为单元的质量矩阵、阻尼矩阵、刚度矩阵和荷载向量。

如果忽略阻尼的影响，则运动方程简化为：

$$\boldsymbol{M}\ddot{\boldsymbol{a}}(t) + \boldsymbol{K}\boldsymbol{a}(t) = \boldsymbol{Q}(t) \tag{2.14}$$

如果上式的右端项为零，则上式进一步简化为：

$$\boldsymbol{M}\ddot{\boldsymbol{a}}(t) + \boldsymbol{K}\boldsymbol{a}(t) = 0 \tag{2.15}$$

这是系统的自由振动方程，又称为动力特性方程，因为从它可以解出系统的固有频率和固有振型。

(4)求解运动方程

求解运动方程也就是求解式(2.11)和式(2.14)。

(5)计算结构的应变和应力

显然，当从式(2.11)或式(2.14)解得结点的位移向量 $\boldsymbol{a}(t)$ 后，则可利用式(2.2)和式(2.3)计算所需要的应变 $\boldsymbol{\varepsilon}(t)$ 和应力 $\boldsymbol{\sigma}(t)$。

从以上步骤可以看出，和静力分析相比，在动力分析中，因为惯性力和阻尼力出现在平衡方程中，所以引入了质量矩阵和阻尼矩阵，最后得到的求解方程不是代数方程组，而是常微分方程组。

质量矩阵分为协调质量矩阵和集中质量矩阵两种。式(2.13)所表达的单元质量矩阵

$$\boldsymbol{M}^{\mathrm{e}} = \int_{V_{\mathrm{e}}} \rho \boldsymbol{N}^{\mathrm{T}} \boldsymbol{N} \mathrm{d}V$$

称为协调质量矩阵或一致质量矩阵。这是因为导出它时，与导出刚度矩阵所根据的原理(伽辽金方法)及所采用位移插值函数是一致的。此外，在有限元方法中还经常采用所谓集中(或团聚)质量矩阵，它假定单元的质量集中在结点上，这样得到的质量矩阵是对角线矩阵。

式(2.13)所表示的单元阻尼矩阵为：

$$C^{e} = \int_{V_{e}} \mu N^{T} N \mathrm{d}V$$

基于与协调质量矩阵的同样理由称为协调阻尼矩阵。它是假定阻尼力正比于质点运动速度的结果,通常均将介质阻尼简化为这种情况。这时单元阻尼矩阵比例于单元质量矩阵。

式(2.13)中的比例系数,在一般情况下是依赖于频率的。因此在实际分析中,要精确地决定阻尼矩阵是相当困难的。通常允许将实际结构的阻尼矩阵简化为 $\boldsymbol{M}$ 和 $\boldsymbol{K}$ 的线性组合,即

$$\boldsymbol{C} = \alpha \boldsymbol{M} + \beta \boldsymbol{K} \tag{2.16}$$

式中,α、β 为不依赖于频率的常数。

这种振型阻尼称为 Rayleigh 阻尼。

2.1.2 模态分析基础

模态分析是动力学分析的基础。求解广义特征值问题的方程为:

$$\boldsymbol{K\phi} - \omega^{2} \boldsymbol{M\phi} = 0 \tag{2.17}$$

求解方程可以确定 $\boldsymbol{\phi}$ 和 ω,结果得到 n 个特征解(ω_1^2,$\boldsymbol{\phi}_1$)、(ω_2^2,$\boldsymbol{\phi}_2$)……(ω_n^2,$\boldsymbol{\phi}_n$),其中特征值 ω_1、ω_2……ω_n 代表系统的 n 个固有频率,并有 $0 \leqslant \omega_1 < \omega_2 < \cdots\cdots < \omega_n$,特征向量 $\boldsymbol{\phi}_1$、$\boldsymbol{\phi}_2$……$\boldsymbol{\phi}_n$ 代表系统的 n 个固有振型。

由于在一般的有限元分析中,系统的自由度很多,同时在研究系统的响应时,往往只需要了解少数较低的特征值及相应的特征向量,因此在有限元分析中,发展了一些适应上述特点而效率较高的解法,其中应用较广泛的是矩阵反迭代法和子空间迭代法。前者算法简单,比较适合于只要求得到系统的很少数目特征解的情况。后者实质是将前者推广应用于同时利用若干个向量进行迭代的情况,可以用于要求得到系统多一些特征解的情况,另外,里兹向量直接叠加法和 Lanczos 向量的直接叠加法,由于具有更高的计算效率,引起了有限元工作者广泛的兴趣。

2.1.3 直接积分法

关于二阶常微分方程组的解法,原则上可利用求解常微分方程组的常用方法(例如 Runge-Kutta 方法)求解,但是在有限元动力分析中,因为矩阵阶数很高,用这些常用算法一般是不经济的,所以只对少数几种有效的方法感兴趣,即直接积分法和振型叠加法。这里重点介绍直接积分法,即后文动力分析所用的瞬态动力分析方法。

直接积分是指对运动方程不进行方程形式的变换而直接进行逐步数值积分。通常的直接积分法是基于两个概念:一是将在求解域 $0 < t < T$ 内的任何时刻 t 都应

满足运动方程的要求，代之仅在一定条件下近似地满足运动方程，例如可以仅在相隔 Δt 的离散的时间点满足运动方程；二是在一定数目的 Δt 区域内，假设位移 $\boldsymbol{a}$、速度 $\dot{\boldsymbol{a}}$、加速度 $\ddot{\boldsymbol{a}}$ 的函数形式。

在以下的讨论中，假定时间 $t=0$ 的位移 $\boldsymbol{u}_0$、速度 $\dot{\boldsymbol{u}}_0$、加速度 $\ddot{\boldsymbol{u}}_0$ 已知，并假定时间求解域 $0\sim T$ 被等分为 n 个时间间隔 $\Delta t(=T/n)$。在讨论具体算法时，假定 0、Δt、$2\Delta t$……t 时刻的解已经求得，计算的目的在于求 $t+\Delta t$ 时刻的解。由此求解过程建立起求解所有离散时间点的解的一般算法步骤。

这里主要介绍后面分析用到的 Newmark 方法。

在 $t\sim t+\Delta t$ 的时间区域内，Newmark 积分方法采用下列假设，即

$$\dot{\boldsymbol{a}}_{t+\Delta t}=\dot{\boldsymbol{a}}+[(1-\delta)\ddot{\boldsymbol{a}}_{t+\Delta t}]\Delta t \tag{2.18}$$

$$\boldsymbol{a}_{t+\Delta t}=\boldsymbol{a}_t+\dot{\boldsymbol{a}}_t\Delta t+\left[\left(\frac{1}{2}-\alpha\right)\ddot{\boldsymbol{a}}+\alpha\,\ddot{\boldsymbol{a}}_{t+\Delta t}\right]\Delta t^2 \tag{2.19}$$

式中，α、δ 为按积分精度和稳定性要求决定的参数。另一方面，α 和 δ 取不同数值则代表不同的数值积分方案。当 $\alpha=1/6$ 和 $\delta=1/2$ 时，式(2.18)和式(2.19)相当于线性加速度法，因为这时它们可以由下式，即时间间隔 Δt 内线性假设的加速度表达式的积分得到：

$$\ddot{\boldsymbol{a}}_{t+\tau}=\ddot{\boldsymbol{a}}_t+(\ddot{\boldsymbol{a}}_{t+\Delta t}-\ddot{\boldsymbol{a}}_t)\tau/\Delta t \qquad (0\leqslant\tau\leqslant\Delta t) \tag{2.20}$$

当 $\alpha=1/4$ 和 $\delta=1/2$ 时，Newmark 方法相应于常平均加速度法这样一种无条件稳定的积分方案。此时，Δt 内的加速度为：

$$\ddot{\boldsymbol{a}}_{t+\tau}=\frac{1}{2}(\ddot{\boldsymbol{a}}_t+\ddot{\boldsymbol{a}}_{t+\Delta t}) \tag{2.21}$$

与中心差分法不同，Newmark 方法中的时间$(t+\Delta t)$的位移解答 $\boldsymbol{a}_{t+\Delta t}$ 是通过满足时间$(t+\Delta t)$的运动方程得到的，即由

$$\boldsymbol{M}\ddot{\boldsymbol{a}}_{t+\Delta t}+\boldsymbol{C}\dot{\boldsymbol{a}}_{t+\Delta t}+\boldsymbol{K}\boldsymbol{a}_{t+\Delta t}=\boldsymbol{Q}_{t+\Delta t} \tag{2.22}$$

而得到的。为此首先从式(2.19)解得：

$$\ddot{\boldsymbol{a}}_{t+\Delta t}=\frac{1}{\alpha\Delta t^2}(\boldsymbol{a}_{t+\Delta t}-\boldsymbol{a}_t)-\frac{1}{\alpha\Delta t}\dot{\boldsymbol{a}}_t-\left(\frac{1}{2\alpha}-1\right)\ddot{\boldsymbol{a}}_t \tag{2.23}$$

将上式代入式(2.18)，然后再一并代入式(2.22)，则得到从 $\boldsymbol{a}_t$、$\dot{\boldsymbol{a}}_t$、$\ddot{\boldsymbol{a}}_t$ 计算 $\boldsymbol{a}_{t+\Delta t}$ 的两步递推公式为：

$$\left(\boldsymbol{K}+\frac{1}{\alpha\Delta t^2}\boldsymbol{M}+\frac{\delta}{\alpha\Delta t}\boldsymbol{C}\right)\boldsymbol{a}_{t+\Delta t}=\boldsymbol{Q}_{t+\Delta t}+\boldsymbol{M}\left[\frac{1}{\alpha\Delta t^2}\boldsymbol{a}+\frac{1}{\alpha\Delta t}\dot{\boldsymbol{a}}_t+\left(\frac{1}{2\alpha}-1\right)\ddot{\boldsymbol{a}}_t\right]+\boldsymbol{C}\left[\frac{\delta}{\alpha\Delta t}\boldsymbol{a}_t+\left(\frac{\delta}{\alpha}-1\right)\dot{\boldsymbol{a}}_t+\left(\frac{\delta}{2\alpha}-1\right)\Delta t\ddot{\boldsymbol{a}}_t\right] \tag{2.24}$$

2.2 桥面铺装层动荷载

2.2.1 车辆动荷载影响因素

车辆荷载包括静荷载和动荷载两部分。静荷载是车辆对桥面造成破坏的重要组成部分,静荷载分自身载重和满载载重。动荷载不仅与车辆自身的性能,如行驶速度、车辆本身的振动特性等有关,还与桥面的平整度和桥梁结构的性能有关。由此可见,不同类型的车辆,由于自身设计的差异,其性能相差较大,当其在桥面上行驶时,对桥面铺装所造成的破坏也不相同。

除了静荷载,动荷载是使桥梁产生振动而可能引起破坏的主要来源,动荷载对桥梁结构的影响比静荷载要大得多。而在车辆本身条件一定的情况下,车辆行驶的平顺性是车辆对桥面产生动力作用的主要因素。

移动的车辆本身就是一个带有质量的振动系统,桥梁结构在移动的汽车荷载、风荷载、地震等环境因素的作用下,系统的动力特性在不断变化。Dongzhou Huang 和 Ton-Lo Wang 对公路桥梁进行了车辆振动分析,确定车辆类型、桥面平顺性、车辆行驶速度、主梁数量与跨度是影响车辆动力特性的主要因素。

1)车辆的自身特性

车辆的振动由竖直跳动、纵向摇动和横向摆动叠加而成。汽车自身特性对于车辆行驶振动的主要影响因素有:发动机、轴距、轮距、轮胎刚度和阻尼、悬架刚度和阻尼、牵引负荷等。

(1)发动机的影响

发动机对车辆振动的影响因素主要有发动机减振垫性能和发动机转速。研究表明,随着减振垫刚度的增大,车架垂直振动和俯仰振动呈现出增加趋势;随着减振垫阻尼增加,车架垂直振动和俯仰振动呈现出减小趋势。同时,车辆振动还对发动机的转速很敏感,发动机的转速越大,车辆的振动越厉害,且发动机的转速越大,对车辆振动强度影响越明显。

(2)轮胎的影响

随着轮胎气压的增加,半轴扭矩均方根值相应增加。这是因为随着胎压的增加,轮胎的径向和切向刚度都增加,轮胎对地面的缓冲作用变差,而径向和切向阻尼的减小使吸收振动的能量减小,扭振增加。同时刚度的增加和阻尼的减小使幅频函数的峰值增大,也使响应均方根值增大。

(3)牵引负荷的影响

牵引负荷的大小直接影响纵向振动、垂直振动和传动系扭转振动之间的耦合关系。当牵引负荷较小时,振动的相位差相互交替变化,向传动系输入一定的不连续能量,从而产生强迫振动;当牵引负荷较大,使滑转率超过最大附着系数对应的滑转率时,垂直振动滞后于传动系扭转振动,向颤动系输入一定的连续耦合能量,从而产生强烈的自激振动。随着牵引负荷的增大,使车辆克服阻力所需的驱动力增加,从而使半轴扭矩增加,相应的扭振增大。当负荷较小时,系统产生低频小振幅振动,其振动频率随着桥面激励和车速的变化而变化,牵引负荷有较大的波动;当负荷较大激起不了不受外界条件干扰的自激振动时,牵引负荷的波动变平缓。

2)桥面的平顺性

为了解桥梁结构在振动荷载作用下的动态响应问题,必须了解振动的发生机构、通过受振点的路径的传振特性以及结构与振动特性有关的受振特性。在发生机构中,车辆振动特性和桥面平顺特性的相互关系是十分重要的。

不平顺的桥面不仅会使行驶的车辆产生附加的振动,造成车辆的颠簸,从而影响车辆行驶的速度和舒适性,反过来还会对桥面施加冲击力,从而加速桥面的损坏,使桥面出现断裂、沉陷、波浪和磨损等破坏,进一步加剧桥面的不平顺。

桥面的不平顺从总体上可分为两大类,即力学不平顺和几何不平顺。

力学不平顺定义为:当没有车辆在桥面上行驶时,桥面是平顺的;当有车辆在桥面上行驶时,桥面会出现竖向不均匀变形而造成不平顺,但车辆行驶过后,桥面又恢复了平顺状态。力学不平顺主要是由桥面和桥梁结构各部分的刚度沿桥线分布不均匀所引起的,车辆振动所引起的变形主要是弹性变形。

几何不平顺主要是由于施工、磨损等各种原因所引起的桥面的凹凸、局部的阶差等不平整。几何不平顺包括可恢复的弹性变形和不可恢复的永久性变形(即塑性变形或残余变形)两部分。如果仅一处有不平顺而其余部分平顺,则该处的不平顺称为孤立几何不平顺。已有的研究结果表明,在运营线路上,不平顺可能导致车轮通过时产生附加的惯性力。在高速运行时,这个惯性力会使车辆对桥面的动力作用增大。

对于给定的汽车,随着路面不平顺的增加,车辆振动增加,其中扭振与纵向振动增加幅度较大。对于双轴车,前轴的垂直振动、扭振和纵向振动比后轴大。

3)车辆行驶速度

车辆的振动与行驶速度有很直接的关系。车速低,振动幅度小,频率低,振动的衰减慢;随着车速的增大,振动幅度也随之增强,频率变高,但是振动衰减变快。当达到一定速度之后,就会产生共振,这时振动是最强烈的,当速度再增大时,振动又会变弱。可见,振动与车速并不是简单的线性关系,也存在峰值,即共振。

4)桥梁结构本身特性

桥梁自身的特性对行驶的车辆振动也有较大的影响,桥梁的振动也会引起汽车的振动,所以影响桥梁振动的因素也会影响车辆。桥梁的振动问题,受各种因素的影响,如桥梁结构体系、跨径、主梁断面与几何形状、结构的材料性状及其沿跨径的分布、汽车车辆的运动特性及行驶速度、伸缩装置与桥面的构造及其平整状态,以及车重等。同时,桥梁结构的阻尼是影响桥梁振动的重要动力参数之一,阻尼要消耗能量使振动衰减。阻尼的大小直接关系桥梁在动荷载作用下的振动强弱。桥的自振频率及各阶模态位移幅值随着桥跨的增大而减小;横梁间距对桥自振频率影响程度也较大。

2.2.2 行车动荷载数值模拟方法

行车荷载的作用实际上是一种非平稳的随机过程,该过程受很多因素的影响,如交通量、轴载、车速、路面平整度、汽车本身的激励作用以及车与路之间的耦合等,其作用力的大小、形式及作用点都是时间的函数。在已有的桥面铺装力学分析中,常用的车辆动力荷载的模拟主要有以下两种形式:①移动恒载,把车辆荷载简化为沿行驶方向移动的竖向均布荷载;②移动随机动荷载,考虑车辆与桥面的相互作用,将车辆荷载模拟成随机动荷载施加在桥面铺装的表面。

1)移动恒载

移动力荷载模型,就是把车辆模拟成匀速移动的恒载,是最简单的车辆模型。利用该模型,可以对动荷载作用下桥梁的振动特性进行研究,但是桥梁与车辆之间的相互作用效应被忽略。1905 年,俄国学者 A. N. Krylov 首先研究了在移动力作用下简支梁的振动问题。他认为,相对于跨度较大的桥梁而言,移动车辆荷载的质量可以忽略不计,从而避免变系数微分方程求解的困难。

不计质量的移动力模型,对于分析车辆桥梁振动是非常有意义的。由于未考虑荷载质量,其计算较为简单,在计算机被应用于工程领域之前更显示出它的简单实用的优点。在车辆通过桥梁时,其运动是很复杂的。但是可以将车辆的重力简化成一个常量加以讨论,将车辆的运动分解并简化,这对于快速评定早期建造的公路桥梁是很有利的。由于未考虑荷载质量及车桥相互作用,利用该理论的计算结果只是一种简单的近似。

2)移动随机动荷载

在已有的桥面铺装动力分析中,单轮双自由度五参数车辆作用模型被用来考

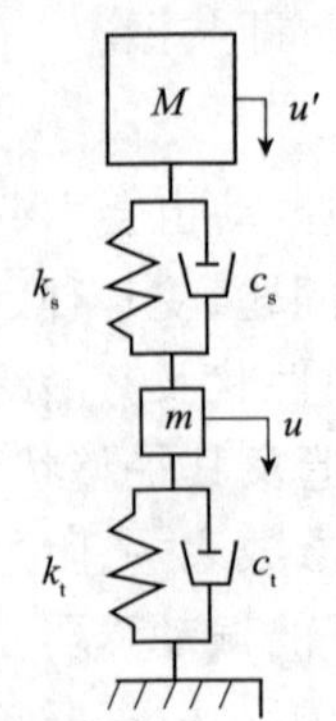

图2.1　单轮作用模型

虑车辆振动系统，如图2.1所示。车辆上部结构看作刚性体质量，记为M；每个轮轴的轮胎—悬置支承系统被模拟成一组弹簧—阻尼系统和一个块质量m，块质量被赋予一个竖向位移自由度u，支承车体点的竖向位移自由度记为u'；k_t为汽车轮胎刚度系数，k_s为汽车悬架刚度系数；c_t为汽车轮胎阻尼系数，c_s为汽车悬架阻尼系数。

按图2.1的坐标系定义，桥梁和车辆均以向下为正，车辆的待求未知位移向量为$\boldsymbol{U}=[u,u']^{\mathrm{T}}$。

车辆随机动荷载采用下式计算：

$$\boldsymbol{M}\ddot{\boldsymbol{U}}+\boldsymbol{C}\dot{\boldsymbol{U}}+\boldsymbol{K}\boldsymbol{U}=\overline{\boldsymbol{F}} \tag{2.25}$$

式中，$\boldsymbol{M}$、$\boldsymbol{C}$、$\boldsymbol{K}$分别为车辆的质量、阻尼和刚度矩阵；$\overline{\boldsymbol{F}}$为车辆对桥面的向下的荷载值。

各矩阵和向量表示如下：

$$\boldsymbol{M}=\begin{bmatrix} m & 0 \\ 0 & M \end{bmatrix} \tag{2.26}$$

$$\boldsymbol{C}=\begin{bmatrix} c_t+c_s & -c_s \\ -c_s & c_s \end{bmatrix} \tag{2.27}$$

$$\boldsymbol{K}=\begin{bmatrix} k_t+k_s & -k_s \\ -k_s & k_s \end{bmatrix} \tag{2.28}$$

车辆和桥梁是两个分离的体系，二者之间是通过轮胎与桥面间的相互作用力联系起来的，而轮胎与桥梁间的作用力为：

$$F=k_i\Delta_i+c_i\dot{\Delta}_i \tag{2.29}$$

式中，k_i为第i个轮胎的刚度；c_i为第i个轮胎的阻尼系数；Δ_i为第i个轮胎与桥梁的竖向联系位移，即

$$\Delta_i=u_i-(-r_i) \tag{2.30}$$

式中，Δ_i为各轴弹簧的相对位移；u_i为车辆第i个轮胎由静平衡起算的竖向位移；r_i为行车路线的外形在作用点处的坐标；桥面的不平度都可以通过这一外形函数来考虑。

2.2.3　不平度的模拟

1）桥面不平度

铺装层的不平整使车辆产生随机振动，反过来会对铺装层产生不利影响，而且

使铺装层的不平整度加剧。行驶车辆对路面的动态作用影响随铺装层平整度情况的恶化而增大,同时随车辆行驶速度的增加而增加。车辆动态作用力加剧铺装层的不平整度,反过来,更大的不平整度则会引起更剧烈的车辆动态作用。在此过程中,路面条件和车辆荷载的变化相互影响、相互加强,并且随着铺装层行驶条件的恶化而变得更加明显,对铺装层结构以及铺装层中已有裂缝顶端应力—应变场产生显著影响。

铺装层平整度的概念与路面平整度的概念是相同的,其描述的方法很多。在道路行业中较为多见,也较为常用的是国际平整度指数(International Roughness Index,简称 IRI)。IRI 最初是由世界银行提出的评价路面行驶质量的一个指标,由于其使用起来简单方便,而且很容易与其他平整度指标相互换算,在世界范围内广泛应用。

(1)国际平整度指数(IRI)

国际平整度指数是针对反应类平整度仪进行平整度测定的模拟。它应用力学方法模拟理想车辆(1/4 车模型),以一定速度沿路表纵断面行驶时的反应,计算 1km 内系统的相对竖向位移累积值,以m/km表示。由于反应类平整度仪的测定结果同速度有关,世界银行规定 IRI 的标准车速为 80km/h(即 22.222m/s)。图 2.2 为美国道路安全研究中心(Highway Safety Research Institute,简称 HSRI)提出的1/4 车模型。

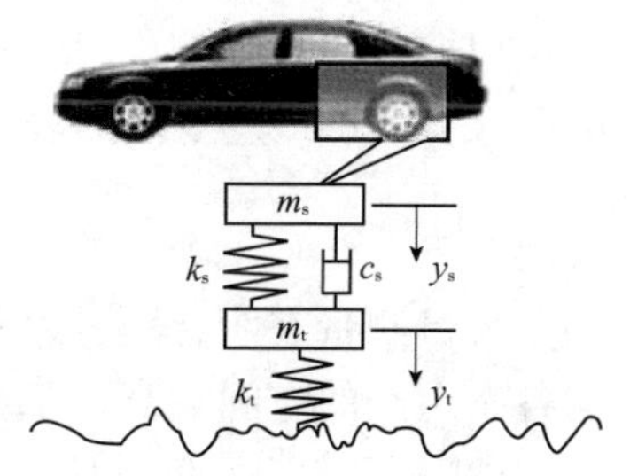

图 2.2 HSRI 1/4 车模型示意图

图 2.2 中,m_s 为簧载质量,即车身部分质量;m_t 为非簧载质量,即轮胎质量;k_s 为车身悬架刚度;k_t 为轮胎刚度;c_s 为悬架阻尼。

根据 1/4 车模型,可以建立形如式(2.31)的运动控制方程:

$$m_t\ddot{y}_t + c_s(\dot{y}_t - \dot{y}_s) + c_t(\dot{y}_t - \dot{\xi}) + k_s(y_t - y_s) + k_t(y_t - \xi) = 0 \tag{2.31}$$

$$m_s\ddot{y}_s - c_s(\dot{y}_t - \dot{y}_s) - k_s(y_t - y_s) = 0 \tag{2.32}$$

式中,y_s、y_t 分别为簧载质量和非簧载质量的垂直绝对位移;ξ 为纵断面高程。

当输入纵断面高程以及簧载质量和非簧载质量时,可以求出 y_s 和 y_t 两个参数,从而可以利用下式对 IRI 进行求解。

$$\mathrm{IRI} = \frac{1}{L}\int_0^L |y_t - y_s| \mathrm{d}x \tag{2.33}$$

根据 Paterson 分析,绝对平整的铺面的 IRI 为 0,具有中等平整度的铺面的 IRI 大约为 6m/km,非常不平整的铺面的 IRI 约为 12m/km。IRI 其实是一个无量纲指数,但是习惯上用 m/km 来表示。国内评价桥面铺装层平整度常用颠簸累计值 BI 或者方差 Δ,这两个指标都与 IRI 存在良好的线性相关性。

(2)功率谱密度(PSD)

工业界对路面平整度的描述则更倾向于采用功率谱密度。功率谱密度是将路表面高程假设为一种随机过程。随机过程可以在幅域或者时域内借助概率密度函数或各阶矩函数,特别是相关函数来描述,也可以在频域内描述。

功率谱密度的定义如下:

设 $X(t)$ 为一平稳随机过程,$R_x(\tau)$ 是它的自相关函数,如果 $R_x(\tau)$ 的 Fourier 变换存在,则

$$G_x(\omega) = \frac{1}{2\pi}\int_{-\infty}^{\infty} R_x(\tau)\mathrm{e}^{-i\omega\tau}\mathrm{d}\tau \tag{2.34}$$

式中,$G_x(\omega)$ 为 $X(t)$ 的功率谱密度;ω 为随机过程的角频率;τ 为延迟时间。

根据随机过程理论,$R_x(\tau)$ 的 Fourier 逆变换与 $G_x(\omega)$ 构成 Fourier 变换对,则 $R_x(\tau)$ 的 Fourier 逆变换的表达式为:

$$R_x(\tau) = \int_{-\infty}^{\infty} G_x(\omega)\mathrm{e}^{-i\omega\tau}\mathrm{d}\omega \tag{2.35}$$

大量测量表明,铺装层平整度 d 是符合振源随机场基本假设的零均值局部均匀各态历经的空间域高斯随机场(Zero Mean Gaussian Isotropic Random Field,简称 ZMGIRF),若转化到时间域中,则成为平稳随机过程。由 Wiener-Khintechine 原理,前述的 Fourier 变换对可以描述成空间形式:

$$G_d(n) = \frac{1}{2\pi}\int_{-\infty}^{\infty} R_d(X)\mathrm{e}^{-inX}\mathrm{d}X \tag{2.36}$$

$$R_d(X) = \int_{-\infty}^{\infty} G_d(n)\mathrm{e}^{-inX}\mathrm{d}n \tag{2.37}$$

式中,X 为纵断面两点间的距离;$G_d(n)$ 为用空间频率表示的功率谱密度函数;n 为空间频率。

$R_x(\tau)$ 可以定义为:

$$R_x(\tau) = E[d(x)d(x+X)] \tag{2.38}$$

式中,$E[\cdot]$ 表示随机过程的数学期望值。

假设车辆沿铺装层以恒定速度 v 行驶,距离为 X。把速度距离表达式 $X = v\tau$ 代入式(2.36),可得:

$$G_d(n) = \frac{1}{2\pi}\int_{-\infty}^{\infty} R_d(v\tau)\mathrm{e}^{-i(\omega/v)v\tau}\mathrm{d}(v\tau) = \frac{v}{2\pi}\int_{-\infty}^{\infty} R_d(\tau)\mathrm{e}^{-\omega\tau}\mathrm{d}\tau = vG_d(\omega) \tag{2.39}$$

$$\omega = vn \tag{2.40}$$

式中，τ 为车辆行驶 X 距离所用的时间。

可见，Fourier 变换的时域和空间频域表达式可以非常方便地相互转换。

与路面相仿，铺装层功率谱在实际应用中也可以采用下式来表示：

$$G_d(n) = G_d(n_0)(n/n_0)^{-w} \tag{2.41}$$

式中，n 为空间频率（m^{-1}），它是波长的倒数；n_0 为参考空间频率，通常取 $0.1m^{-1}$；$G_d(n_0)$ 为参考空间频率 n_0 下的路面谱值，称为路面平整度系数（m^3）；w 为频率指数，为双对数线坐标上斜线的斜率。

式(2.41)为《机械振动　道路路面谱测量数据报告》(GB/T 7031—2005)中推荐的功率谱计算公式。由空间功率谱密度可以推导出铺装层平整度的时间功率谱密度为：

$$G_d(f) = G_d(n_0)n_0^2 v/f^2 \tag{2.42}$$

式中，v 为汽车行驶速度；f为时间频率（s^{-1}）。

《机械振动　道路路面谱测量数据报告》(GB/T 7031—2005)提出了按照功率谱密度把路面平整度分为 8 个等级，表 2.1 规定了各级路面平整度系数 $G_d(n_0)$ 的几何平均值，分级路面谱的频率指数为 $w=2$。表 2.1 中还同时列出了 $0.011m^{-1} < n < 2.83m^{-1}$ 范围内路面平整度相应的均方根值 σ_n 的几何平均值。

路面平整度分类标准　　表 2.1

路面等级	$G_d(n_0)(10^{-6}m^3)$ ($n_0=0.1m^{-1}$)	$\sigma_n(10^{-3}m)$ ($0.011m^{-1}<n<2.83m^{-1}$)
	几何平均值	几何平均值
A	16	3.81
B	64	7.61
C	256	15.23
D	1 024	30.45
E	4 096	60.90
F	16 384	121.80
G	65 536	243.61
H	262 144	487.22

另外，通过对空间功率谱密度 $G_d(n)$ 进行求导，一阶导数为铺装层垂直位移的空间速度功率谱 $G_v(n)$（单位为 m），二阶导数为加速度功率谱 $G_a(n)$（单位为 m^{-1}）。这两个统计指标也可以用于评价铺装层表面平整度。

(3)IRI 与 PSD 的转换关系

国际平整度指数(IRI)与功率谱密度(PSD)是衡量路面平整度的两种方法。IRI 测量简便,应用方便,而 PSD 则容易在铺装层平整度与行车荷载作用下铺装层的动力反应之间架起桥梁。因此,很有必要研究 IRI 与 PSD 之间的关系。

Lu Sun 利用 Newmark 顺序积分方法对 1/4 车的动力特性进行模拟,并推导出了基于 PSD 平整度的 IRI 计算公式。盛灿花利用 1/4 车模型的响应特性推导了 IRI 与 PSD 之间的换算关系,最终得到了形如式(2.43)的表达式:

$$\mathrm{IRI} = \frac{\sqrt{2}}{\pi\sqrt{v^3}}\left[\int_0^{\infty}\omega^2\ |H_{\mathrm{s}}(\omega)|^2 G_d(n)\mathrm{d}\omega\right]^{1/2} \tag{2.43}$$

式中,$H_{\mathrm{s}}(\omega)$为簧载质量的频率响应函数;$G_d(n)$为单边功率谱密度(路面功率谱密度);其他单位意义同上。

但是事实上在进行动力学分析当中,通常已知 IRI,需要求出 $G_d(n)$,以方便进行动力学求解。

把式(2.41)代入式(2.43),得:

$$\begin{aligned}\mathrm{IRI} &= [16\pi n_0^2 G_d(n_0)]^{1/2}\left[\int_0^{\infty}|H_{\mathrm{s}}(2\pi vn)|^2\mathrm{d}n\right]^{1/2}\\ &= 4n_0\sqrt{\pi G_{\mathrm{d}}(n_0)}\left[\int_0^{+\infty}|H_{\mathrm{s}}(2\pi vn)|^2\mathrm{d}n\right]^{0.5}\end{aligned} \tag{2.44}$$

世界道路联合会(Permanent International Association of Road Congresses,简称 PIARC)把路面构造波长位于 0.5 ~2m 时定义为路面不平整。对大跨径钢桥面环氧沥青混凝土铺装层来说,小于 0.5m 的波长对铺装层的影响仍然不可忽视,因此取路面构造波长为 0.1 ~2m 作为计算簧载频响函数的积分区间。

1/4 车模型中簧载质量的频响函数可以采用式(2.45)进行表达:

$$H_{\mathrm{s}}(\omega) = -A_{\mathrm{t}}\omega^2/\{A_{\mathrm{u}}\omega^4 - [A_{\mathrm{t}} + A_{\mathrm{s}}(1+h)]\omega^2 + A_{\mathrm{t}}A_{\mathrm{s}} + 6[A_{\mathrm{t}}\omega - (1+h)\omega^3]i\} \tag{2.45}$$

式中,$h=0.15$,$A_{\mathrm{t}}=653\mathrm{s}^{-2}$,$A_{\mathrm{s}}=63.3^{-2}$。

将式(2.45)代入式(2.44),并进行积分,结果为:

$$G_d(n_0) = 1.63K_0 \times \mathrm{IRI}^2 \tag{2.46}$$

式中,IRI 为国际平整度指数(m/km);$K_0 = 10^{-6}\mathrm{m}^3$。

把式(2.46)代入式(2.41),得:

$$G_d(n) = 1.63K_0\left(\frac{n}{n_0}\right)^{-w}\mathrm{IRI}^2 \tag{2.47}$$

当 $n=1$、$w=2$ 时，功率谱密度随 IRI 变化情况见图 2.3。

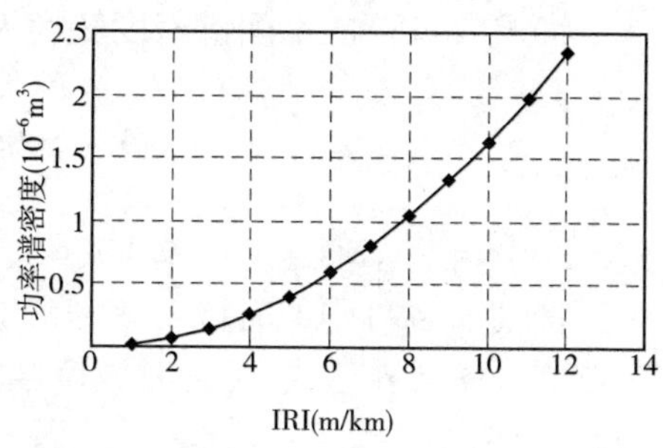

图 2.3 IRI 与功率谱密度 PSD 关系图

2）轨道不平顺

铁道线路的几何形状在实际运用过程中，受众多因素的影响往往表现出明显的随机性。这些影响因素包括：钢轨初始弯曲，钢轨磨耗、损伤，轨枕间距不均、质量不均，道床的级配和强度不均、松动、脏污、板结等。这些因素综合作用，构成了轨道不平顺的随机性特征。

轨道不平顺包括无载状态下的静态不平顺和在荷载作用下产生的动态不平顺。造成静态不平顺的主因是钢轨顶面的不均匀磨耗及道床路基的永久变形；造成动态不平顺的主因是钢轨基础弹性不均匀或部分轨枕失效导致扣件不密贴，各部分之间有空隙以及轨枕底部有暗坑。轨道不平顺根据其在轨道断面的不同方向，分为轨道方向不平顺、高低不平顺、水平不平顺、轨距不平顺等。研究表明，造成环境振动的主要因素是列车竖向荷载，而列车侧滚及横向振动荷载往往是忽略不计的，且以往钢桥面铺装体系的受力主要是受车辆竖向荷载的影响。因此，这里暂时只考虑高低动态不平顺，如图 2.4 所示。

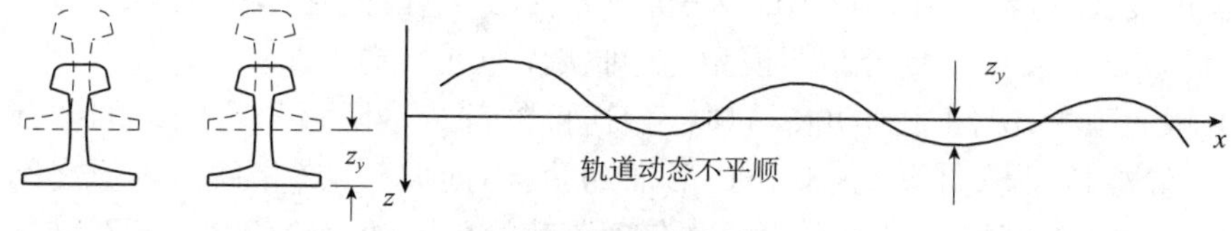

图 2.4 轨道高低不平顺

获得轨道不平顺信息的主要途径是对线路的实时测量。实测得到的样本是复杂的随机波，因而只能用一些统计特性从时空域、频域、幅值域几个方面对轨道不平顺做全面的描述。功率谱密度函数由于具有直观性，以及同其他一些统计量有着变换关系，从而成为描述轨道不平顺特征的主要统计特性。

参照美国建立的 6 级线路垂向不平顺数学表达式：

$$S_V = \frac{KA_V\Omega_C^2}{\Omega^2(\Omega^2+\Omega_C^2)} \tag{2.48}$$

式中，Ω 为空间频率[rad/m(或 m^{-1})]；$K=0.25$；$A_V=0.0339\text{cm}^2\cdot\text{rad/m}$；$\Omega_C=0.8245\text{rad/m}$。

将式(2.48)的空间谱密度转换为时域谱密度,根据 $\Omega = f/v$,有

$$G(f) = S_{\mathrm{V}}(\Omega)\frac{\mathrm{d}\Omega}{\mathrm{d}f} = \frac{KA_{\mathrm{V}}f_{\mathrm{C}}^{2}v}{f^{2}(f^{2}+f_{\mathrm{C}}^{2})} \tag{2.49}$$

式中,v 为车辆速度(km/h)。

将式(2.49)中的时域功率谱密度离散后代入频域变量表达式,然后再代入和时域信号序列表达式,可得时域信号序列。

2.3 铺装体系复合结构建模方法

建立能够反映实际受力状态的有限元模型是获取铺装力学控制指标值的基础。在桥面铺装服役期间,将桥梁结构视为各向同性的线弹性材料,而沥青混凝土铺装具有多相复合材料的细观特征,在同一有限元分析程序中同时建立反映钢板线弹性特性和沥青混凝土细观特征的模型较为困难。因此,在进行铺装结构设计时通常不考虑沥青混凝土的三相细观特征,而根据建立模型的尺度来确定有限单元的类型和大小,以及相应的边界条件。目前,关于桥面铺装体系复合结构的"多尺度"数值模拟主要集中在宏观尺度,不同模型的主要区别在于考虑桥梁结构变形对铺装力学响应的影响程度不同。以下列出本书作者多年从事桥面力学分析的模型演变进展及特点,尤其是提出的"三阶段分析法"建模方法。

(1)局部铺装体系复合结构模型(三维实体单元)

取桥面顶板、纵向加劲肋及与顶板相连接的部分横隔板作为铺装的下部支撑结构,一般沿桥梁横向取6~8个U形加劲肋,纵向取3跨(相邻横隔板之间为一跨)时,在铺装表面施加规范中的标准车辆荷载的单后轴双轮荷载。所有结构组成部分均采用三维实体(3D Solid)单元离散。

局部实体单元模型的特点是全部采用三维实体单元离散铺装、钢桥面顶板及顶板支撑结构,重点关注铺装结构的局部变形和应力分布,不考虑主梁或整桥结构的变形对铺装力学响应的影响。

(2)梁段结构模型(二维板壳单元)

沿桥梁纵向取完整箱梁段作为铺装下部支撑结构,根据模型纵向长度和车队的长度选取部分车辆建立整车车轮荷载作用在铺装层表面。所有结构组成部分均采用二维板壳单元(Shell)单元离散。

梁段结构模型的特点是全部采用二维板壳单元离散复合结构,考虑部分主梁变形对铺装的影响,但沿桥梁纵向的主梁断面的边界位移及内力难以确定并施加到模型上,故模型边界条件势必简化而不能完全反映梁段变形的实际情况。

(3)考虑整桥结构变形的"三阶段分析模型"

考虑整桥变形对铺装的受力影响并不是在同一模型上建立含有铺装结构的整桥有限元仿真模型,而是将整桥结构的力学响应作为边界条件施加在局部模型上。

首先,建立整桥三维杆系结构模型,计算车队荷载作用下的主梁变形;然后,截取最不利受力梁段建立局部梁段模型,并将车队荷载作用下的整桥计算结果等效为模型两端的强制位移边界条件;最后,建立局部铺装体系复合结构模型,计算车轮荷载作用下的铺装结构力学响应,得到铺装层的力学控制指标值。

2.4 本章小结

本章首先介绍了桥面铺装结构动力分析的基本方程以及有限元方法,车辆动荷载的分类、影响因素以及模拟方法,着重阐述了车辆随机动荷载的外界激励—桥面平整度(或轨道不平顺)的表征方法。桥面铺装结构动力分析建模时,应考虑支撑结构进行复合结构建模,本书介绍了动力分析使用的各种模型及特点,如局部铺装体系复合结构模型、梁段结构模型及考虑整桥结构变形的三阶段分析模型等。

第3章 缆索支承桥梁桥面铺装动力分析

3.1 概述

大多数缆索支承桥梁的结构体系可以分为四种主要构件:①具有桥面的箱梁或桁架;②悬吊加劲梁的缆索体系;③支承缆索体系的桥塔;④竖向和水平支承缆索体系的锚碇(或锚墩)。依据缆索体系的外形构造,缆索支承桥梁又分为以下几种体系。

(1)悬索体系是由主缆、加劲梁、桥塔、鞍座、锚锭、吊索等构件构成的柔性结构体系。

(2)斜拉体系是由承压的塔、受拉的索与承压弯的梁体组合起来的刚性结构体系。

(3)悬索和斜拉组合体系在桥跨中央部分由悬索承重,靠外部分由塔顶辐射的斜拉索承重,构成刚柔相济的结构体系。

悬索桥是指以主缆索受拉为主要承重构件的桥梁结构。其构造包括基础、塔墩、锚碇、主缆索、吊索、加劲梁及桥面结构等。以高强钢丝作为主要承拉结构的悬索桥具有跨越能力大、受理合理、最能发挥材料强度和造价经济等特点,同时还以其整体造型流畅美观和施工安全快捷等优势而倍受推崇。斜拉桥是一种桥面体系受压、支承体系受拉的桥梁。其桥面体系由加劲梁构成,其支承体系由钢索组成。斜拉桥的主要特点是利用桥塔引出的斜缆索作为梁跨的弹性中间支撑,借以降低梁跨的截面弯矩,减轻梁重、提高梁的跨越能力。当然,斜缆索对梁的这种弹性支撑作用,只有在斜缆索始终处于拉紧状态时才能得到充分发挥。因此在承受荷载前对缆索进行预拉,这样的预拉还可以减小斜缆索的应力变化幅度,提高斜缆索的刚度,从而改善结构的受力状况。此外,斜缆索的水平分力对主梁产生的轴向预压力的作用可以增强主梁的抗裂性能,节约高强钢材的用量。

我国已建成或正在建设的大跨径斜拉桥或悬索桥主梁大多采用薄壁钢箱梁,此外还有主梁采用钢桁架加劲梁、钢与混凝土结合梁和钢筋混凝土梁。钢箱梁主要由顶板、底板、腹板和加劲构件构成的，兼作桥面之用的顶板内侧通常焊接纵向加劲肋、横肋（或横隔板）、纵隔板等构成正交异性桥面板，如图3.1所示。国内外大跨径斜拉桥和悬索桥桥面板大多数采用沥青混合料铺装，钢箱梁桥面铺装一般由防锈层、黏结层、沥青混合料铺装层构成，直接铺筑于钢箱梁顶板之上，总厚度在35～80mm。

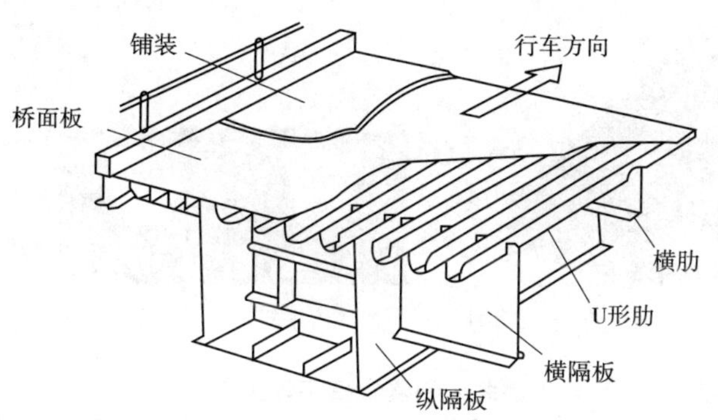

图3.1 正交异性桥面板及铺装典型结构

本章在进行缆索支承桥梁桥面铺装动力分析时，分别建立局部铺装体系复合结构模型及考虑整桥结构变形的三阶段分析模型来考察车辆荷载对铺装层的动力影响。

3.2 正交异性钢桥面板铺装动力分析

3.2.1 计算模型的建立

1）有限单元的选取

局部铺装体系复合结构采用8节点三维实体单元（3D Solid）建模，如图3.2所示，该单元具有8个节点，每个节点有3个自由度，即x、y、z三个方向的线位移。

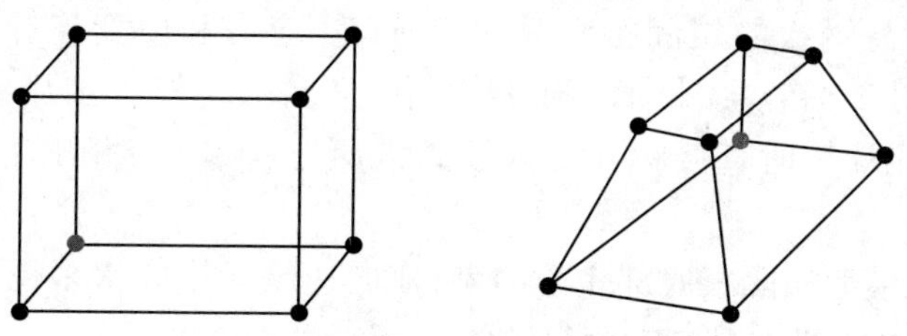

图3.2 8节点3D Solid实体单元

2)计算模型及假设

横向取7个U形加劲肋,纵向取3跨(相邻横隔板之间为一跨),建立正交异性钢桥面板铺装体系复合结构有限元模型,如图3.3所示。桥面顶板、加劲肋以及横隔板均采用Q345-D钢。铺装体系的计算参数见表3.1。在考虑荷载作用时,假设荷载作用面积不变。

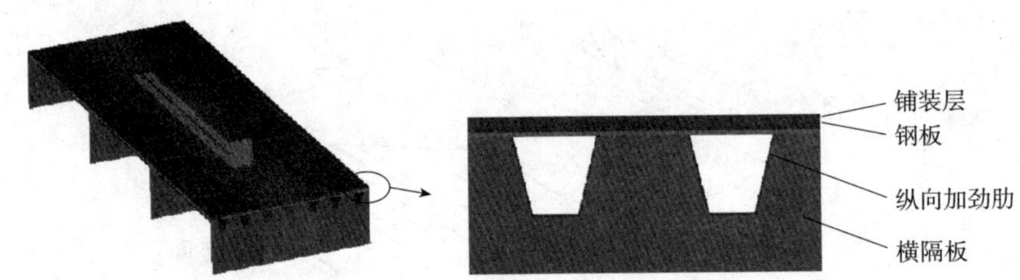

图3.3　正交异性钢桥面铺装体系复合结构有限元模型

铺装体系复合结构计算参数　　表3.1

计算参数	值	计算参数	值
桥面顶板厚度(mm)	14	U形加劲肋间距(mm)	600
横隔板厚度(mm)	12	U形次梁高度(mm)	280
横隔板间距(mm)	3 750	钢密度(kg/m^3)	7 850
U形加劲肋厚度(mm)	8	铺装密度(kg/m^3)	2 600
U形加劲肋开口宽度(mm)	300	钢泊松比	0.3
U形加劲肋闭合宽度(mm)	170	钢弹性模量(MPa)	210 000

在建立正交异性钢桥面板铺装体系复合结构模型时,引入如下假设:

(1)沥青混凝土铺装层是连续的、线弹性的、均匀的、各向同性的;

(2)正交异性钢板的位移和变形是微小的;

(3)铺装层与钢板的层间接触是完全连续(应力和应变连续)的,同时鉴于黏结层厚度相对于铺装层、桥面板厚度很小,且黏结材料大多用沥青类材料,因此在进行有限元计算时直接将其并入沥青混凝土铺装层,并不单独建立黏结层模型;

(4)有限元模型横隔板底部完全约束,横向边缘无横向水平位移,纵向边缘无纵向水平位移,其中纵向是指车辆行驶的方向。

3)荷载作用模式

计算时车辆荷载采用 BZZ—100 标准车单后轴,轮胎压力为 0.707MPa,双轮荷载如图 3.4 所示。大量的静力计算结果表明,当钢板的模量和沥青混凝土铺装层模量的比值 $n \geqslant 50$ 时,荷载的横向最不利荷位为荷载中心落在加劲肋侧肋的正上方,如图 3.5 所示。本章以此位置作为铺装层动力响应的横向计算荷位。

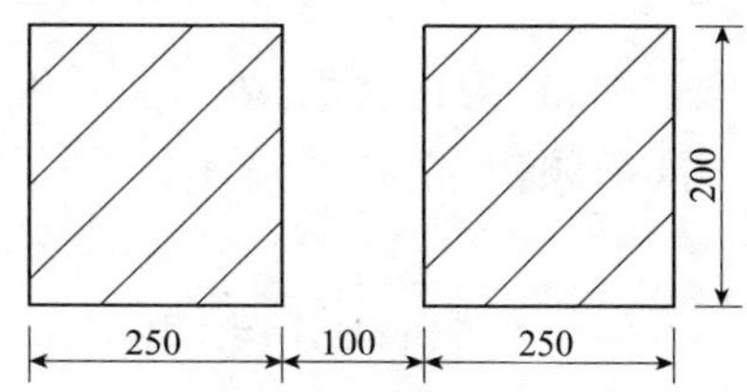

图 3.4 双轮荷载作用示意图(尺寸单位:mm)

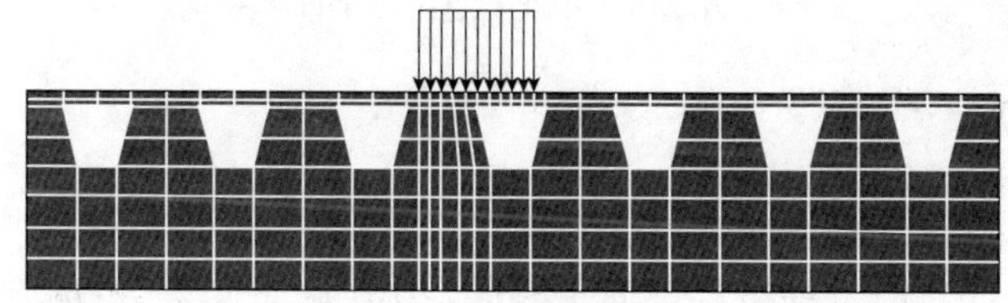
图 3.5 横向加载位置

3.2.2 模态分析

选取铺装层厚度为 55mm,模量为 1 000MPa,泊松比为 0.25。对于工程结构,其阻尼比一般在 0.01 ~ 0.2,因此有阻尼固有频率和无阻尼固有频率之间相差较小。在实际工程中,计算固有频率可以不考虑阻尼影响。所以这里做模态分析时不考虑阻尼,不加任何荷载,因为模态分析反映的是结构本身的固有特性。采用 Lanczos 方法对局部体系模型进行模态分析,前 10 阶固有频率和振型如图 3.6 所示(图中仅表示出模型铺装部分的振型)。

从图 3.6 可以看出,局部模型的基频约为 61Hz,随着频率的增大,阶数的增加,铺装的振动变得越来越复杂,每两块横隔板之间都有复杂的波形,出现的振动方式已不是简单的竖向的垂直于水平面的摆动,而是除了竖向的摆动,还夹杂着横向甚至还有斜方向的扭动。物体的振动特性主要受较低阶频率的影响,而模型的低阶振型对竖向位移的影响比较大。

3.2.3 铺装层表面不平度的模拟

模拟随机过程的最有效的方法是三角函数方法,即可以把铺装层不平整度的随机过程看作一系列余弦函数的叠加。设 $G_d(\omega)$ 为以角频率表示的铺装层表面功率谱密度,铺装层表面不平整度的随机响应可以表示为:

$$d(t)=\sum_{k=1}^{M}A_k\cos(\omega_k t+\Phi_k) \tag{3.1}$$

式中，M 为正整数；Φ_k 是在$[0,2\pi)$区间均匀分布的随机变量。

离散频率 ω_k 和振幅 A_k 分别可以表示为：

$$\omega_k=\omega_1+(k-0.5)\Delta\omega \tag{3.2a}$$

$$A_k=[2G_d(\omega_k)\Delta\omega]^{0.5}=[2G_d(n_k)\Delta n]^{0.5} \tag{3.2b}$$

式中，$\Delta\omega=(\omega_m-\omega_1)/M$，$[\omega_1,\omega_m]$为计算功率谱密度 PSD 的频率区间。

把式(2.47)代入式(3.2b)，得：

$$A_k=\sqrt{3.26k_0\Delta n}\,\frac{n_0}{n_k}\mathrm{IRI} \tag{3.3}$$

同时 $\omega=2\pi vn$，将式(3.3)代入式(3.1)，得：

$$d(t)=\sum_{k=1}^{M}\sqrt{3.26k_0\Delta n}\,\frac{n_0}{n_k}\mathrm{IRI}\cos(2\pi vn_k t+\Phi_k) \tag{3.4}$$

式(3.4)把任意时刻铺装层表面平整度与 IRI 联系起来，更加方便实际使用。

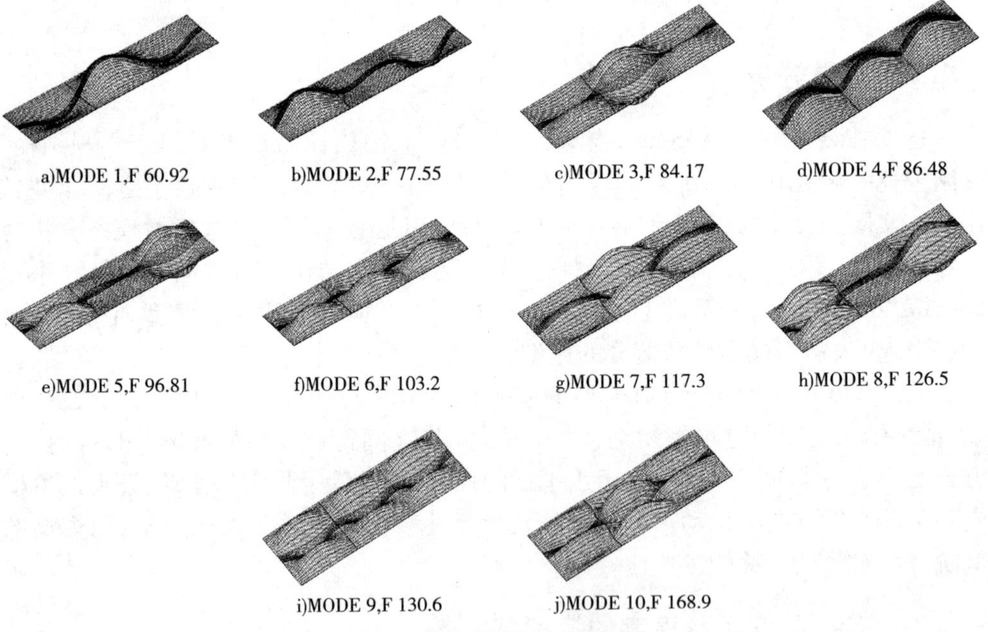

a)MODE 1,F 60.92　b)MODE 2,F 77.55　c)MODE 3,F 84.17　d)MODE 4,F 86.48

e)MODE 5,F 96.81　f)MODE 6,F 103.2　g)MODE 7,F 117.3　h)MODE 8,F 126.5

i)MODE 9,F 130.6　j)MODE 10,F 168.9

图 3.6　铺装模型前 10 阶振型图

根据中心极限定理，当 $M\to\infty$时，铺装层表面不平整度随机激励 $d(t)$会逐渐趋于高斯各态遍历的静态过程，$d(t)$的功率谱密度则趋近 $G_d(\omega)$。在进行铺装层平整度模拟时可以采用 FFT(Fast Fourier Transformation)，以提高计算效率。

铺装层平整度的模拟流程为:

(1)生成[0,2π]均匀分布的随机数 Φ_k;

(2)选择车辆行驶速度 v;

(3)利用式(2.39)把基于角度频率的函数 $G_d(\omega)$转换成基于空间频率的功率谱密度函数 $G_d(n)$;

(4)确定计算功率谱密度函数 $G_d(n)$的空间频率范围$[n_1,n_m]$;

(5)确定 M,并计算 Δn;

(6)计算平整度激励。

取 $M=400$,$n=1$,铺装层表面长度为 200m,当 IRI = 2 时,铺装层平整度如图 3.7所示。

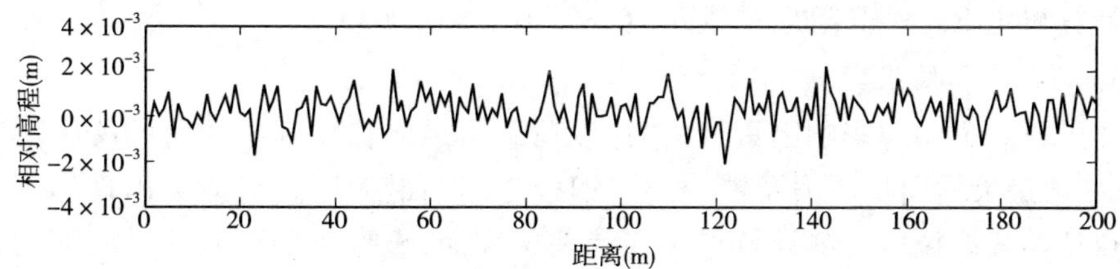

图 3.7 IRI = 2 时铺装层 PSD 平整度的模拟

当 IRI = 12 时,铺装层平整度如图 3.8 所示。

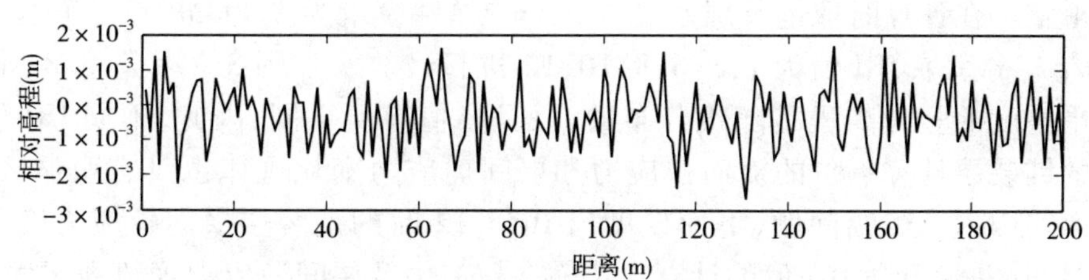

图 3.8 IRI = 12 时铺装层 PSD 平整度的模拟

3.2.4 铺装层动力分析

1)荷载的加载方式

通过时间函数和时间步控制荷载的作用大小、作用位置以及荷载发生作用的时刻,模拟车辆荷载在铺装层表面移动。铺装层的动荷载响应与铺装表面平整度、车辆行驶速度、铺装层弹性模量及厚度等很多因素有关。为了研究不同因素对铺装层动力响应的影响,对每一种影响因素及水平都进行了分析。

2)阻尼矩阵的选取

阻尼矩阵的模拟采用 Rayleigh 阻尼,即 $C=\alpha M+\beta K$。如果根据试验或相似结构的资料已知两个振型的阻尼比 ξ_i 和 ξ_j,可由下式解得常数 α 和 β。

$$\left.\begin{aligned}\alpha&=\frac{2(\xi_i\omega_j-\xi_j\omega_i)}{\omega_j^2-\omega_i^2}\omega_i\omega_j\\\beta&=\frac{2(\xi_j\omega_j-\xi_i\omega_i)}{\omega_j^2-\omega_i^2}\end{aligned}\right\}\tag{3.5}$$

由模态计算结果得到模型一阶频率为60.92,二阶频率为77.55,对于工程结构,其阻尼比一般在0.01~0.2,鉴于目前暂无类似模型的阻尼比参考值,为了后面计算阻尼对铺装层动力分析结果的影响,在这里拟取阻尼比为0.1,利用式(3.5)可以计算得出 Rayleigh 阻尼系数 $\alpha=6.823\,6$,$\beta=0.001\,44$。

3)动力计算结果

在进行动力响应影响因素分析时,以荷载沿纵向移动到中间跨的跨中位置时(图3.3),最大横向拉应力及铺装层与钢板之间的最大层间剪应力出现的节点为计算点位。横向拉应力的计算点位在铺装层表面,靠近车辆荷载的纵向加劲肋一端;层间剪应力的计算点位在铺装层底面。

(1)不同IRI时的铺装层动力响应

当IRI=0时,表示铺装层表面完全平整;当IRI=12时,表示铺装层表面非常不平整。在计算时取铺装层厚度为55cm,弹性模量为2 000MPa,行车速度为80km/h。分别取IRI值为1,3,6,8,10,12进行计算。如图3.7和图3.8所示,不同平整度的竖向高程是随机分布的,只是峰值有所不同,因此,不同IRI值条件下的铺装层计算点位的横向拉应力和层间剪应力变化规律也没有明显区别。考虑上述因素及篇幅问题,下面仅做出IRI=12时的铺装层横向拉应力变化规律曲线图,并将不同IRI值的计算点位横向拉应力及层间剪应力峰值列于表3.2和表3.3中。

铺装层计算点位的横向拉应力峰值 表3.2

IRI	静力	1	3	6	8	10	12
铺装层横向拉应力(MPa)	0.561	0.543	0.578	0.625	0.666	0.682	0.706

铺装层计算点位的层间剪应力峰值 表3.3

IRI	静力	1	3	6	8	10	12
铺装层层间剪应力(MPa)	0.478	0.460	0.485	0.532	0.565	0.576	0.597

由图3.9和表3.2可见，由于不平度产生的随机动荷载作用在铺装层表面，横向拉应力曲线变得不再光滑，应力幅值比平整度较好（IRI＝1）时增加约30%。当铺装层表面较为平整时，铺装层动力响应幅值小于静力计算结果；当铺装层表面IRI较大时，铺装层的动响应大于静力计算结果。计算结果表明，平整度特性对铺装层力学响应的影响是不容忽视的，较小的IRI值，即较好的平整度对铺装层的受力影响是有利的。由表3.3可见，铺装层层间剪应力的变化规律与横向拉应力类似。

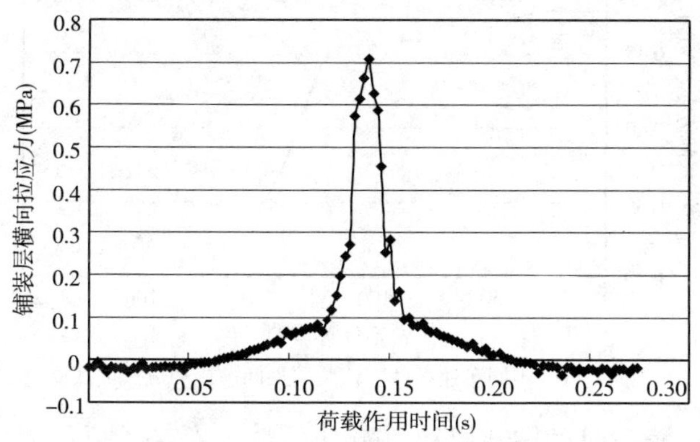

图3.9 不同IRI条件下铺装层横向拉应力分布曲线

（2）不同车速时的铺装层动力响应

铺装层的厚度及弹性模量与计算不同IRI时的相同，为了对比车速对铺装层动力响应的影响，暂不考虑铺装层的平整度对动力响应的影响。

由图3.10可以看出，当桥面铺装比较平整时，随着行车速度的增大，铺装层计算点位的动力响应会逐渐减小。当行车速度从0增加到120km/h时，铺装层的横向拉应力值从0.561MPa减小到0.535MPa，减小了5%左右；当行车速度从

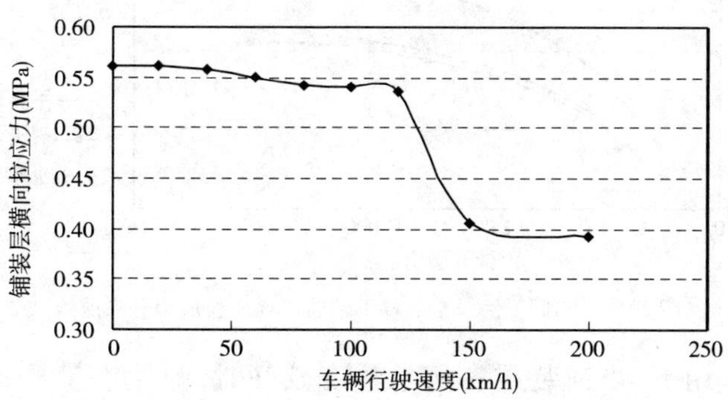

图3.10 不同车速条件下铺装层横向拉应力分布曲线

120km/h 增加到 150km/h 时，铺装层的横向拉应力值从 0.535MPa 减小到 0.407MPa，减小了 24% 左右；当行车速度从 150km/h 增加到 200km/h 时，铺装层的横向拉应力值从 0.407MPa 减小到 0.392MPa，减小了 4% 左右。可见，在行车速度增大的过程中，铺装层横向拉应力的减小幅度先增大后减小。由图 3.11 可以看出，铺装层层间剪应力的变化规律与横向拉应力相似。

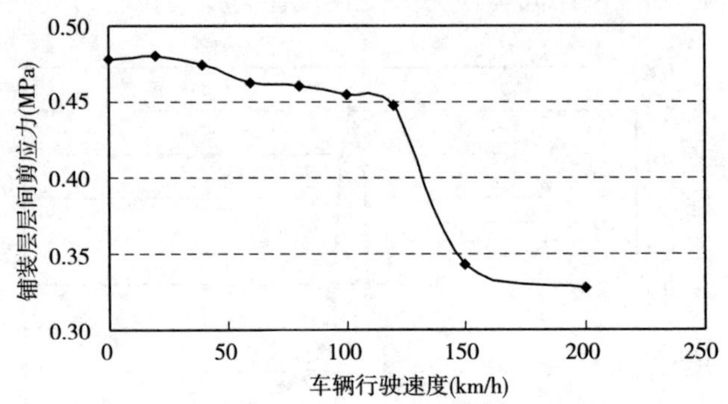

图 3.11　不同车速条件下铺装层层间剪应力分布曲线

(3)不同弹性模量时的铺装层动力响应

将 IRI <3 时的铺装层平整度定义为较好，将 IRI >10 时的铺装层平整度定义为较差。取铺装层厚度为 55mm，行车速度为 80km/h。为了比较平整度对铺装层动力响应的影响，将铺装层平整度较好和较差两种情况下的动力响应与静力计算结果进行对比。铺装层计算点位的横向应力和层间剪应力随铺装层材料弹性模量变化趋势如图 3.12 和图 3.13 所示。

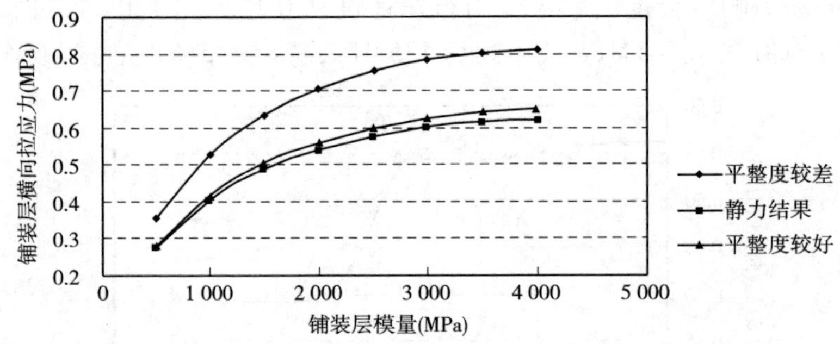

图 3.12　不同弹性模量条件下铺装层横向拉应力分布曲线

在动荷载作用下，当铺装层表面平整度较好时，弹性模量从 500MPa 增大到 1 000MPa，铺装层表面横向拉应力从 0.275MPa 增大到 0.406MPa，增大 48%；当模量增加到4 000MPa时,计算点位横向拉应力为0.623MPa,与模量为3 500MPa时的横向拉应力0.616MPa相比,增大1%。可见,随着铺装层弹性模量的增加,计算点位的横向拉应力逐渐增大,且应力增大的幅度逐渐减小。从图3.12中可以看出,平整度较差和静力结果的横向拉应力变化规律与平整度较好时相似。

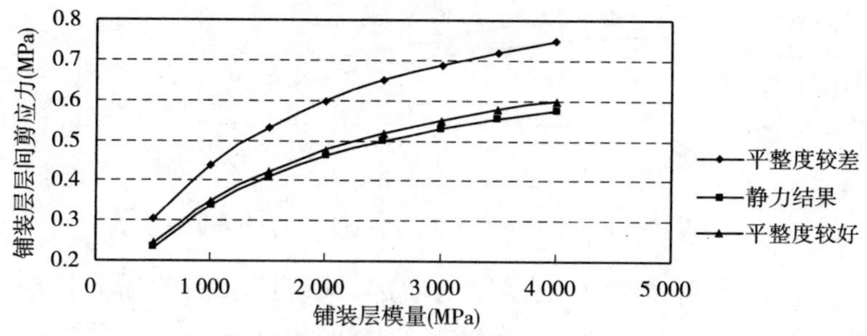

图3.13 不同弹性模量条件下铺装层层间剪应力分布曲线

当平整度较好时,铺装层的动力响应幅值小于静力结果,两者相差不超过5%。当平整度较差时,铺装层的动力响应幅值明显大于平整度较好时和静力情况下的计算结果;当铺装层弹性模量较大时,动力响应幅值比静力结果增大约24%,比平整度较好时的计算结果增大约30%。

从图3.12和图3.13中可以看出,铺装层层间剪应力的变化规律与横向拉应力相似。

(4)不同厚度时的铺装层动力响应

取铺装层弹性模量为2 000MPa,行车速度为80km/h,计算铺装层平整度较好和较差时的计算点位动力响应,以及静荷载作用下的力学响应。计算结果如图3.14和图3.15所示。

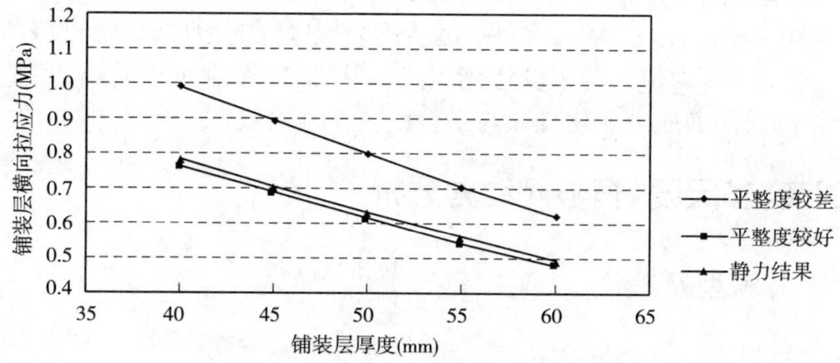

图3.14 不同厚度条件下铺装层横向拉应力分布曲线

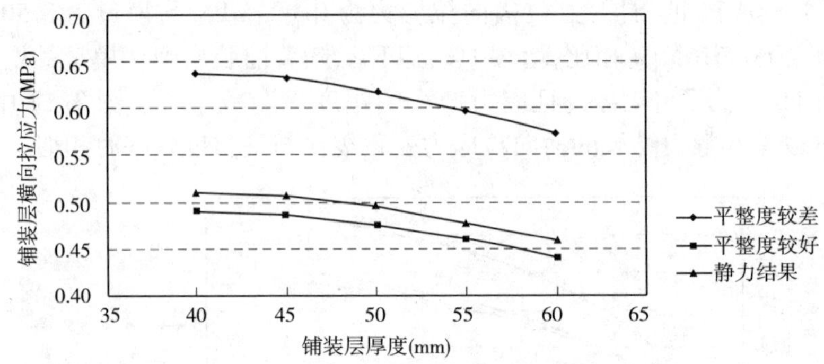

图 3.15　不同厚度条件下铺装层层间剪应力分布曲线

在动荷载情况下，随着铺装层厚度的增加，铺装层表面的横向拉应力逐渐减小。在铺装层平整度较好条件下，当铺装层厚度为 4cm 时，表面横向拉应力为 0.763MPa；当铺装层厚度为 6cm 时，表面横向拉应力为 0.477MPa。在铺装层平整度较差条件下，铺装层表面的横向拉应力明显大于平整度较好时的计算结果。当铺装层厚度为 4cm 时，计算点位的横向拉应力接近 0.991MPa；当铺装层厚度为 6cm 时，层表面计算点位拉应力为 0.620MPa，均比平整度较好时增大 30% 左右。图 3.14 中还可以看出，随着厚度的增大，横向拉应力减小的速度基本不变。

考虑荷载动态影响条件下铺装层表面的横向拉应力随铺装层厚度的变化规律与静荷载条件下的一致。当铺装层表面的平整度较好时，动荷载作用下的横向水平拉应力小于静荷载条件下的值，两者相差在 4% 左右；当表面平整度较差时，铺装层动力响应幅值比静力学计算结果增大 25% 左右。

在动荷载作用下，当铺装层表面平整度较好时，铺装层厚度从 40mm 增大到 45mm，铺装层层间剪应力从 0.491MPa 减小到 0.487MPa，减小 0.8%；当铺装层厚度增加到 60mm 时，计算点位层间剪应力为 0.441MPa，与厚度为 55mm 时的层间剪应力 0.460MPa 相比，减小 4%。可见，随着铺装层厚度的增加，计算点位的层间剪应力逐渐减小，且应力增大的幅度逐渐增大。从图 3.15 中可以看出，平整度较差和静力结果的层间剪应力变化规律与平整度较好时相似。

3.3　铺装“多尺度”有限元动力分析

3.3.1　计算模型及理论

1）整桥模型

面向桥面铺装的整桥模型需要从整体模型类别、桥面系和铺装之间的关系、动力分析的特点、模型层次角度等方面分析其建模特点。桥梁模型，特别是大跨径桥梁，不仅要考虑几何非线性，而且要考虑主梁、主塔中轴向力和弯矩的相互影响。如果采用分析法推导过程冗长，通常不能得到精确的显式解析解，并且一般都做了很多简化的假设；如果采用脊骨模型，则主梁断面采用一个或多个梁单元模拟，能够反映整体性能却无法统筹兼顾各个力学特性指标，并且也不能分析和桥面板密切相关的桥面铺装问题。因此，有必要采用精细化有限元模型对桥梁铺装问题进行模拟分析。大跨径桥梁是复杂的组合工程，建立完全模拟实际细节的模型通常非常困难。因此，在建立面向铺装结构分析的整桥模型时，对主塔、缆索（拉索）、桥墩、主梁等边界条件进行适当的简化，并且对与铺装结构关系不大的结构网格划分较疏。

在建立面向桥面铺装的桥梁结构模型时，采用可以输入断面几何形状的梁单元进行模拟，不需要进行自由扭转刚度的修正；对于大跨径钢箱梁桥主跨主缆，可以采用多段直杆法模拟，边跨主缆（边缆）或斜拉索则采用等效弹性模量法模拟；对于吊索，则采用直杆单元；对扁平钢箱梁进行模拟时，采用仅简化其加劲肋的方法，运用正交异性板壳单元进行等效。

2）包含铺装层的动力子结构

桥面铺装与整桥相比属于局部和整体的关系，准确描述铺装受力特性特别是动力响应，有必要采用多尺度层次模型。一般有子模型和子结构两种方法，本书根据瞬态分析的特点采用子结构的方法，建立带铺装的局部梁段三维实体模型。

目前典型的动力子结构方法有：Craig-Bampton（C-B）固定界面子结构法，Guyan 缩聚法，Kuhar 动力缩聚法等。C-B 固定界面子结构法应用较为广泛，其是以实模态理论为基础的子结构模拟综合法。本章采用 C-B 固定界面子结构法建立包含桥面铺装精细子结构模型，将子结构的位移分解为固定边界模态位移和约束模态位移。

（1）固定边界模态位移

将结构分成 n 个子结构，对于第 i 个子结构，其刚度矩阵和质量矩阵按内部自由度和子结构边界自由度分块表示，其具体表达式为：

$$\boldsymbol{K}_i=\begin{bmatrix}\boldsymbol{K}_i^{\mathrm{II}} & \boldsymbol{K}_i^{\mathrm{IB}}\\ \boldsymbol{K}_i^{\mathrm{BI}} & \boldsymbol{K}_i^{\mathrm{BB}}\end{bmatrix},\qquad \boldsymbol{M}_i=\begin{bmatrix}\boldsymbol{M}_i^{\mathrm{II}} & \boldsymbol{M}_i^{\mathrm{IB}}\\ \boldsymbol{M}_i^{\mathrm{BI}} & \boldsymbol{M}_i^{\mathrm{BB}}\end{bmatrix} \tag{3.6}$$

$$\left.\begin{aligned}&(\boldsymbol{K}_i^{\mathrm{II}}-\lambda_j\boldsymbol{M}_i^{\mathrm{II}})\boldsymbol{\phi}_j=0 && (j=1,2,\cdots,n_j^{\mathrm{I}})\\ &\boldsymbol{\Phi}_{i1}=(\boldsymbol{\phi}_1,\boldsymbol{\phi}_2,\cdots,\boldsymbol{\phi}_n) && (i=1,2,\cdots,n)\end{aligned}\right\} \tag{3.7}$$

式中，$\boldsymbol{K}_i$为子结构刚度矩阵；$\boldsymbol{M}_i$为子结构质量矩阵；$\boldsymbol{\phi}_j$为第j阶振型向量；上标 I 表示子结构内部；上标 B 表示子结构边界；λ_j为第j个特征值；$\boldsymbol{\Phi}_{i1}$为第i个子结构固定边界振型矩阵。

(2)约束模态位移

约束模态位移是指子结构边界自由度上的一组子结构静变形位移。当依次释放边界自由度产生单位位移而其他边界自由度固定时，约束子结构在内部自由度上将产生一组位移，用$\boldsymbol{\Phi}_{ic}$表示为：

$$\boldsymbol{\Phi}_{ic} = -(\boldsymbol{K}_i^{\mathrm{II}})^{-1}\boldsymbol{K}_i^{\mathrm{IB}} \tag{3.8}$$

(3)子结构模态坐标和空间坐标的关系

将子结构内部自由度位移和边界位移向量分别用$\boldsymbol{\delta}_i^{\mathrm{I}}$、$\boldsymbol{\delta}_i^{\mathrm{B}}$表示，则有如下关系式：

$$\begin{bmatrix}\boldsymbol{\delta}_i^{\mathrm{I}}\\ \boldsymbol{\delta}_i^{\mathrm{B}}\end{bmatrix} = \begin{bmatrix}\boldsymbol{\Phi}_{i1} & \boldsymbol{\Phi}_{ic}\\ \boldsymbol{0} & \boldsymbol{I}\end{bmatrix}\begin{bmatrix}\boldsymbol{Q}_i\\ \boldsymbol{\delta}_i^{\mathrm{B}}\end{bmatrix} \tag{3.9}$$

式中，$\boldsymbol{Q}_i$为子结构的固定边界模态坐标；$\boldsymbol{I}$为单位矩阵。

代入动力方程可得：

$$\begin{bmatrix}\boldsymbol{M}_{i11} & \boldsymbol{M}_{i12}\\ \boldsymbol{M}_{i21} & \boldsymbol{M}_{i22}\end{bmatrix}\begin{bmatrix}\ddot{\boldsymbol{Q}}_i\\ \ddot{\boldsymbol{\delta}}_i^{\mathrm{B}}\end{bmatrix} + \begin{bmatrix}\boldsymbol{K}_{i11} & \boldsymbol{0}\\ \boldsymbol{0} & \boldsymbol{K}_{i22}\end{bmatrix}\begin{bmatrix}\boldsymbol{Q}_i\\ \boldsymbol{\delta}_i^{\mathrm{B}}\end{bmatrix} = \begin{bmatrix}\boldsymbol{0}\\ \boldsymbol{F}_i^{\mathrm{B}}\end{bmatrix} \tag{3.10}$$

其中

$$\boldsymbol{M}_{i11} = \boldsymbol{\Phi}_{i1}^{\mathrm{T}}\boldsymbol{M}_i^{\mathrm{II}}\boldsymbol{\Phi}_{i1}$$
$$\boldsymbol{M}_{i12} = \boldsymbol{\Phi}_{i1}^{\mathrm{T}}(\boldsymbol{M}_i^{\mathrm{II}}\boldsymbol{\Phi}_{ic} + \boldsymbol{M}_{i1}^{\mathrm{IB}})$$
$$\boldsymbol{M}_{i21} = (\boldsymbol{M}_i^{\mathrm{BI}} + \boldsymbol{\Phi}_{ic}\boldsymbol{M}_i^{\mathrm{II}})\boldsymbol{\Phi}_{i1}$$
$$\boldsymbol{M}_{i22} = \boldsymbol{M}_i^{\mathrm{BB}} + \boldsymbol{\Phi}_{ic}^{\mathrm{T}}\boldsymbol{M}_i^{\mathrm{II}}\boldsymbol{\Phi}_{ic} + \boldsymbol{\Phi}_{ic}^{\mathrm{T}}\boldsymbol{M}_i^{\mathrm{IB}} + \boldsymbol{M}_i^{\mathrm{IB}}\boldsymbol{\Phi}_{ic}$$
$$\boldsymbol{K}_{i11} = \boldsymbol{\Phi}_{i1}^{\mathrm{T}}\boldsymbol{K}_i^{\mathrm{II}}\boldsymbol{\Phi}_{i1}$$
$$\boldsymbol{K}_{i22} = \boldsymbol{K}_i^{\mathrm{BB}} + \boldsymbol{K}_i^{\mathrm{BI}}\boldsymbol{\Phi}_{ic}$$

式中，$\boldsymbol{F}_i^{\mathrm{B}}$为子结构边界自由度上的作用力。

3)多尺度模型的衔接

对于子结构，边界条件是子结构边界节点和整体结构衔接的位移协调关系。实际上子结构是一个超单元，所以只需确定这个超单元的节点坐标(子结构边界节点坐标)。对于本章中包含实体铺装层和正交异性桥面系的精细子结构，选取子结构主节点时必须考虑与整桥模型的衔接，包括整桥结构衔接段的单元网格密度。图 3.16 为层次模型的衔接与主要分析流程。

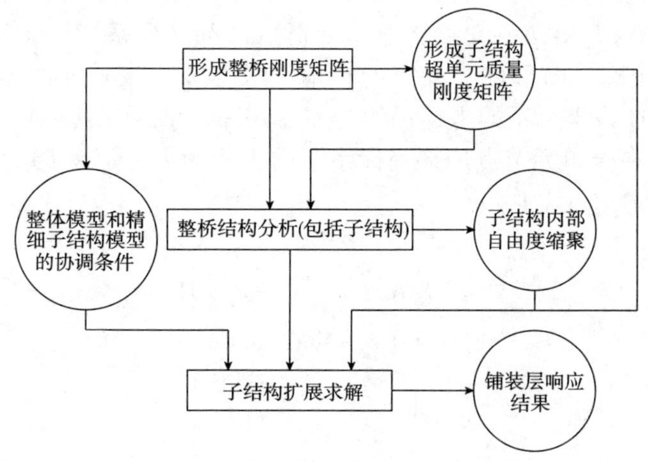

图 3.16　层次模型的衔接与主要分析流程

通过分析,本章提出了一种基于节点耦合的衔接方法,能有效连接整桥结构中桥面板壳单元与子结构中桥面板实体单元,并传递剪力和弯矩,如图 3.17 所示。图 3.17 中壳单元节点用实心小圆圈表示,实体单元主节点也用实心小圆圈表示,次节点用空心小圆圈表示。

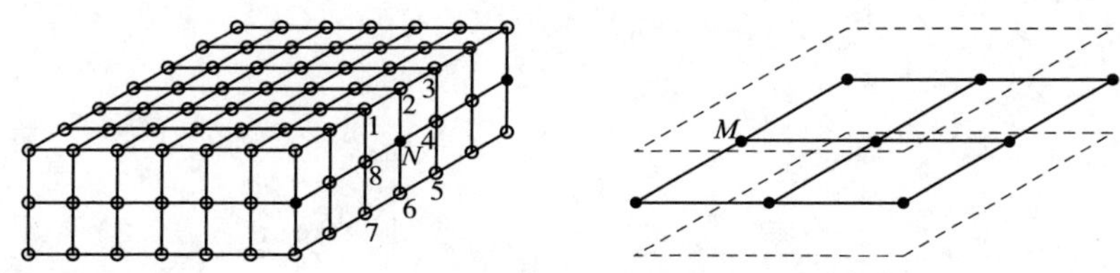

图 3.17　实体单元与壳单元边界关系

选择壳单元节点 M 为研究对象,该节点在整体坐标系中的坐标为$(x,y,z)^{\mathrm{T}}$,假设子结构实体单元主节点 N 与其对应,建立 N 节点时将其设在与 M 节点重合的位置,并将两个节点直接耦合,即令两个节点的位移相同$(u_N,v_N,w_N)^{\mathrm{T}}=(u_M,v_M,w_M)^{\mathrm{T}}$,实体单元次节点 $P(P=1,2,\cdots,8)$则需根据与壳单元节点位置、转角的几何关系确定。

建立如图 3.18 所示的节点局部坐标系 $x'y'z'$,M 节点的坐标为$(0,0,0)^{\mathrm{T}}$,并且用 $\boldsymbol{G}'$表示实体单元次节点在该节点局部坐标系中的坐标,例如对于节点 2,$\boldsymbol{G}'=\left(0,\dfrac{h}{2},0\right)^{\mathrm{T}}$,其中 h 为壳单元厚度。变形发生后,节点 M 相对于节点局部坐

标系平移了 $\boldsymbol{T}=(T_x,T_y,T_z)^{\mathrm{T}}$，分别相对于 x' 轴、y' 轴、z' 轴转动了 α、β、γ，即该节点位移为 $(T_x,T_y,T_z,\alpha,\beta,\gamma)^{\mathrm{T}}$。再建立变形后局部坐标系 $x''y''z''$，以变形后的节点 M 为原点，坐标方向平行于 M 点的转角。假设 M 处壳单元的厚度不变，则实体单元次节点在该坐标系的坐标仍然为 $\boldsymbol{G}'$。根据坐标变换原理，可以推得实体单元次节点 P 在壳单元节点局部坐标系下的坐标为 $\boldsymbol{R}'(\boldsymbol{G}'+\boldsymbol{T})$，坐标系旋转变换矩阵 $\boldsymbol{R}'=\boldsymbol{R}_x\boldsymbol{R}_y\boldsymbol{R}_z$，其中

$$\left.\begin{aligned}\boldsymbol{R}_x&=\begin{bmatrix}1&0&0\\0&\cos\alpha&\sin\alpha\\0&-\sin\alpha&\cos\alpha\end{bmatrix}\\\boldsymbol{R}_y&=\begin{bmatrix}\cos\beta&0&-\sin\beta\\0&1&0\\\sin\beta&0&\cos\beta\end{bmatrix}\\\boldsymbol{R}_z&=\begin{bmatrix}\cos\gamma&\sin\gamma&0\\-\sin\gamma&\cos\gamma&0\\0&0&1\end{bmatrix}\end{aligned}\right\}\tag{3.11}$$

节点 P 在整体坐标系下的坐标为 $\boldsymbol{R}'(\boldsymbol{G}'+\boldsymbol{T})+(x,y,z)^{\mathrm{T}}$，位移为 $\boldsymbol{\delta}_{\mathrm{p}}=(\boldsymbol{R}'\boldsymbol{G}'+\boldsymbol{T})+(x,y,z)^{\mathrm{T}}-[(x,y,z)^{\mathrm{T}}+\boldsymbol{G}']$，即

$$\boldsymbol{\delta}_{\mathrm{p}}=(u_{\mathrm{p}},v_{\mathrm{p}},w_{\mathrm{p}})^{\mathrm{T}}=\boldsymbol{R}'(\boldsymbol{G}'+\boldsymbol{T})-\boldsymbol{G}'\tag{3.12}$$

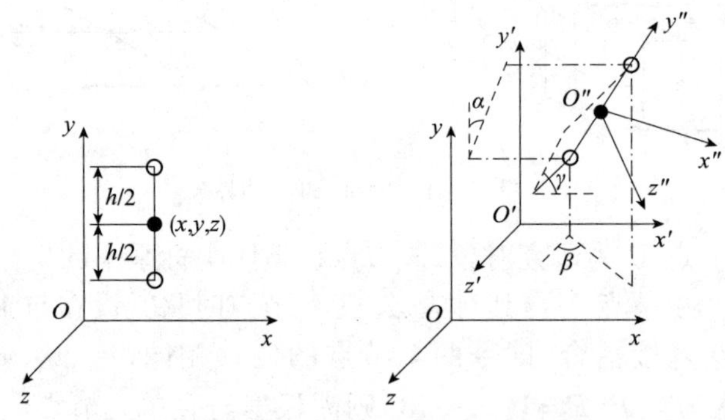

图 3.18　实体单元节点与壳单元节点之间的耦合关系

同理可以建立其他实体单元主节点与对应的壳单元节点的耦合关系，并确定该实体单元主节点周围 8 个从节点与壳单元节点转角相关的位移表达式，从而有效地衔接子结构边界。

采用带子结构的整桥模型和不带子结构的整桥模型进行对比分析,结果表明:子结构的建立对整桥模态和静力响应的影响甚小,这是由于局部子结构的尺寸相对于整桥很小,并且局部子结构作为超级单元在边界上满足与相连结构的协调条件。但是将铺装层作为研究对象时,局部效应将使其动力响应明显大于静力计算的结果,这将在算例中进行讨论。

3.3.2 算例分析

1)整桥结构模型

江阴大桥是中国第一座主跨超过1 000m 的钢箱梁悬索桥,跨径位居中国第二,世界第五,并且其铺装病害比较典型,自通车不久后就产生了车辙和裂缝,现已采用环氧沥青混凝土对行车道和外侧重车道进行了重铺,因此本章选择江阴大桥,探讨面向铺装的大跨径桥梁多尺度模型建立方法。

江阴大桥主桥为跨径1 385m 的单跨双铰钢箱梁悬索桥,北、南边跨分别为336.50m,309.34m,矢跨比为1/10.5,成桥状态下矢高为131.905m,主缆中心距为32.5m,吊索间距为16m(近塔吊索距塔中心距20.5m),总体布置如图3.19所示。

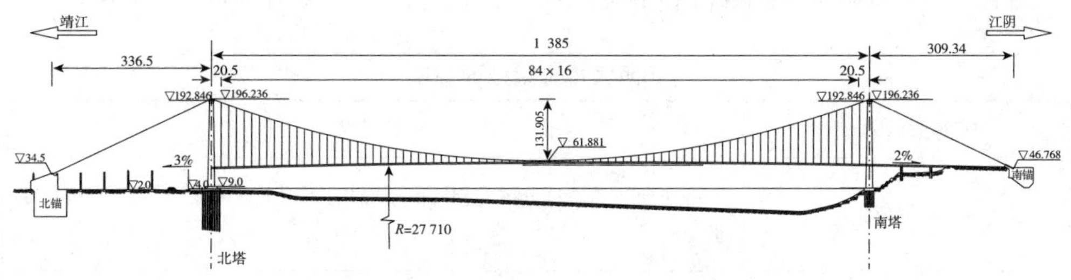

图3.19 江阴大桥主桥总体布置(尺寸单位:m)

悬索桥结构由于体量巨大,使用有限元法对其进行模拟时一般要进行大量的简化。因此,仅讨论与铺装层关系密切的主梁的等效换算方法。

针对杆系模型采用梁单元模拟主梁的不足,在对扁平钢箱梁进行模拟时采用正交异性壳单元,仅忽略其加劲肋,保留箱梁的空间构型。江阴大桥主梁截面性质计算结果见表3.4,表中同时给出了忽略加劲肋前后的比例系数。显然是否考虑纵向加劲肋对截面综合特性有一定的影响,因此不能简单地忽略纵向加劲肋,必须将其对主梁抗弯曲、扭转、剪切等的影响换算到正交异性桥面板壳单元中。由于本章建模的主要目的是分析桥面铺装的响应,要求面向桥面铺装的整桥模型能够与带铺装单元的子结构梁段正确衔接，对几何坐标有较高的要求，因此不改变几何尺寸，提出了如表 3.5 所示的换算等效原则。

江阴大桥主梁截面性质 表 3.4

参数	全截面	无纵肋全截面	比例系数
截面面积 $A(m^2)$	1.169	0.795	1.471
抗弯惯矩 $I_{xx}(m^4)$	1.921	1.394	1.378
抗弯惯矩 $I_{yy}(m^4)$	102.107	71.890	1.420
抗扭惯矩 $J(m^4)$	5.441	5.008	1.087
C_x^+	16.253	16.253	1.000
C_x^-	16.253	16.253	1.000
C_y^+	1.344	1.384	0.971
C_y^-	1.689	1.649	1.024
剪切面积 $S_x(m^2)$	0.732 5	0.654 7	1.119 0
剪切面积 $S_y(m^2)$	0.013 5	0.013 5	1.005 0

注：C_x^+、C_x^- 分别为形心距离截面正、负横向最远端的距离；C_y^+、C_y^- 分别为形心距离正、负纵向最远端的距离。

江阴大桥主梁截面性质 表 3.5

等效原则	说　明
质量系统的等效	将加劲肋的质量分摊到相应的桥面板上，保证等效后与原结构相同的平动质量
竖向刚度等效、轴向（纵向）刚度等效和横向刚度等效	由于简化了加劲肋，截面的面积 A 和抗弯惯矩 I_{xx}、I_{yy} 均被削弱，为保证主梁有限元模型刚度不变，需要提高材料纵桥向弹性模量来等效
扭转刚度	抗扭转惯矩和剪切模量的乘积在换算前后保持一致
壳平面内剪切刚度等效	剪切面积和相应剪切模量的乘积在换算前后保持一致

根据表 3.5 的等效原则可以分别假设顶板、底板和腹板弹性模量进行比较精确的换算，但是进一步分析表 3.4 的计算结果可以看出，有无纵向加劲肋对江阴大桥主梁截面的抗弯惯矩 I_{xx} 和 I_{yy} 影响基本相当，并且与面积影响比例系数也很接近，因此可以取 I_{xx} 和 I_{yy} 两者影响量的平均值 1.40 来修正钢板轴向模量 E_i，这样截面的抗弯刚度的误差控制在 1.5% 以内，箱梁钢板的轴向抗压刚度的误差也控制

在5%以内;其次有无纵向加劲肋对江阴大桥主梁截面的抗扭惯矩、剪切面积 S_x 和 S_y 影响较小。如以扭转刚度为主要依据,则取1.07作为剪切模量 G 修正系数,这样抗扭刚度的误差控制在1%以内,同时剪切刚度也控制在5%以内;密度则根据横截面的面积系数进行修正。

2)子结构模型

按照3.3.1节叙述的方法并结合江阴大桥桥面铺装结构特点,建立桥面板铺装体系的三维实体子结构有限元模型,如图3.3所示。

钢箱梁顶板厚度为12mm,弹性模量取200GPa;铺装层厚度为50mm,弹性模量取500~2 000MPa。钢桥面板、横隔板和U形加劲肋均采用16MnQ钢;正交异性板宽为4.2m(含7个U形加劲肋),长为9.6m(含3个横隔板跨径);U形加劲肋宽度为300mm,高度为280mm,厚度为6mm,间距为600mm。

3)层次模型

根据3.3.1节中层次模型的建立方法以及整桥结构与子结构的衔接方式,建立面向桥面铺装动力响应分析的层次模型,如图3.20所示,其中灰白相间区域即为图3.3所示的三维实体子结构模型。该模型共有90 440个单元,其中杆单元362个,梁单元198个,板壳单元12 080个,局部梁段子结构实体单元77 800个。

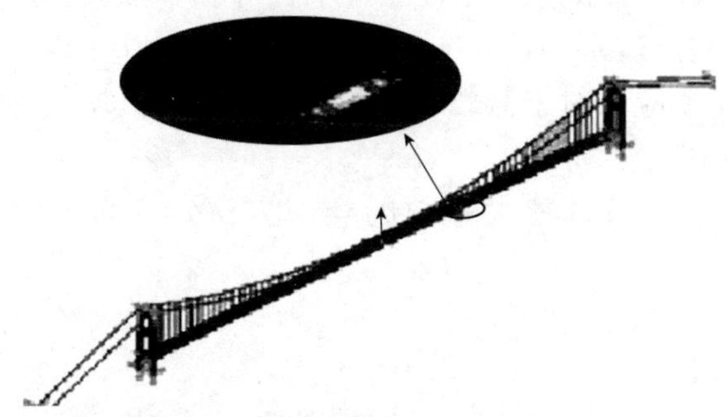

图3.20 面向桥面铺装的江阴大桥整桥有限元模型

4)计算结果

(1)不平度对铺装动响应的影响

《机械振动 道路路面谱测量数据报告》(GB/T 7031—2005)将不平度状况分为A~H共8个等级,据统计,中国高等级公路基本属于A,B,C三个等级,E级属于较差路面。下面主要分析C等级下桥面铺装的动应力,根据江阴大桥货车车速分布实测结果,车速选择60km/h。不同荷载(轴载)和弹性模量工况下的最不利指标为横向动应力,结果如表3.6所示。

荷载和材料模量对铺装层横向动应力的影响　　表 3.6

荷载(kN)	不同弹性模量下的动应力(MPa)				弹性模量应力增长系数
	500	1 000	1 500	2 000	
120	0.667	0.859	1.031	1.115	1.672
140	0.755	0.940	1.172	1.199	1.588
160	0.798	1.053	1.253	1.325	1.660
180	0.985	1.192	1.419	1.503	1.526
荷载应力增长系数	1.477	1.388	1.376	1.348	

需要指出的是,由于随机不平度的引入,铺装应力的变化离散性较大,并且考虑不平度后最大拉应力有大幅的增加,说明不平度对桥梁振动有显著的激励作用。

分析表明,其他条件固定,仅改变铺装弹性模量和荷载(即轴重)情况下,铺装横向动应力值随着荷载的增长而增长,当荷载很大时增长速率显著升高;同时横向动应力值随着弹性模量的增大而增大,但是当弹性模量很大时(接近于2 000MPa),增大速率迅速降低。铺装纵向动应力的分析结果也基本一致,因此对于铺装动应力指标,荷载的增长较之模量的增大更为不利。

从表 3.6 可以看出,在同一不平度条件下,不同的荷载和弹性模量组合能够导致铺装动应力最大差值达到一倍左右,并且纵向应力相差比例小于横向应力差值比例,这也表明横向动应力对于荷载和弹性模量的作用更加敏感。

(2)铺装动力响应增大系数

采用桥梁工程中动荷载放大系数的类似方法定义铺装动力响应增大系数 D_{m},即

$$D_{\mathrm{m}}=\frac{\sigma_{\mathrm{dyn}}}{\sigma_{\mathrm{std}}} \tag{3.13}$$

式中,σ_{dyn}为铺装动应力;σ_{std}为铺装参考状态下的应力,当计算相对于静态的动力响应增大系数时,σ_{std}即是静态条件下铺装的应力。

为了说明整桥动力特性对桥面铺装的影响,将计算结果和只建立局部梁段模型(即不计入整桥的影响)的分析结果进行比较,结果表明:在铺装表面完全光滑(不考虑不平度的情况)时,局部模型计算得到的铺装动力响应比静力响应小5.5%,而本章中模拟方法由于考虑整桥动力特性和不平度的影响,将使计算结果比静力计算结果大 10% ~15%(不平度 A 等级下),并且随着不平度的增大,其对整桥结构的影响将逐渐增长。表 3.7 为标准荷载(轴载 140kN)下相应的铺装动力响应增大系数(铺装弹性模量设为 1 000MPa)。由表 3.7 可知,横向动应力的动力

响应增大系数大于纵向动应力，表明动荷载对横向动应力更为不利；C 等级不平度下的动力响应增大系数大于 A 等级不平度下的增大系数，并且从 A 等级不平度变为 C 等级不平度的动力响应增大系数大于从完全平坦变为 A 等级不平度的增大系数。

铺装动力响应增大系数 表 3.7

动应力类别	不同不平度下的动力响应增大系数		
	A	C	r
横向动应力	1.157	1.427	1.234
纵向动应力	1.109	1.342	1.210

注：r 为 C 等级不平度与 A 等级不平度动力响应增大系数比值。

3.4 本章小结

在行车荷载的动力作用下，铺装层表现出了与静力作用不同的规律。当不考虑铺装层表面不平度时，动荷载作用下铺装层的力学响应小于静载下的值；当桥面铺装的平整度较小时，随着行车速度的增大，铺装层动力响应逐渐减小，减小的幅度先增大后减小；当铺装层不平度逐渐增大时，铺装层动力响应的应力幅值也有一定程度的增大，最终超过静载响应值。在车辆动荷载作用下，随着铺装层厚度的增大，动力响应也逐渐减小，横向拉应力减小的速度不变，层间剪应力的减小幅度逐渐增大；随着铺装层弹性模量的增大，铺装层动力响应逐渐增大，且应力增大的幅度逐渐减小。桥面不平度较差（IRI = 12）时，铺装层动力响应与静力计算结果的比值为 1.25 左右。

考虑整桥动力特性和不平度的影响，铺装层动力响应（不平度等级为 A）比静力计算结果大 10% ~15%。随着不平度的增大，整桥结构的影响将逐渐增长。对于横向动应力，不平度 A 级和 C 级条件下的动力响应增大系数分别为 1.157 和 1.427。如果桥面破坏程度较大，即不平度等级持续增加，铺装层动力响应将超过局部正交异性钢桥面板铺装体系复合结构的动力响应计算结果。

桥面铺装设计中采用静载或移动恒载进行铺装应力验算，其结果偏于不安全。由于桥面铺装应力分布的实测技术尚处于探索阶段，因此深入的研究和现场试验验证有待进一步开展。

第4章　立转式开启桥桥面铺装动力分析

4.1　概述

立转式开启桥将航道上面的桥跨结构做成在立面上可以旋转开合，对河道造成的障碍较小，船只撞击的危险也较少，此外对陆地上的交通有较大的安全保障，而且航道上无竖向净空限制，是开启桥中最常用的形式。近期国内越来越多的地区开始规划和设计建设开启桥，在可以预见的将来，开启桥的建设需求将持续大幅增加。

由于立转式开启桥的运营特点，需要解决以下两种状态下的关键力学问题：①在通车状态下，桥面铺装在汽车荷载、气候、钢结构下部支撑等条件下具备良好的路面使用状况；②在开启过程中，桥面铺装和钢桥面板黏结紧密，不发生铺装脱黏。

1975年，美国Carling港印第安河大桥（The Indian River Bridge）首次立转开启时就有超过50%总面积的沥青混凝土铺装严重滑落，引起美国联邦交通委员会的关注。该桥采用沥青玛蹄脂重新铺装，并推迟通车近一年，但铺装仍然存在问题，因此，研究自重轻且能够满足开启桥各项力学性能的铺装结构和材料势在必行。东南大学桥面铺装课题组针对自重轻及满足大交通量通行等要求，用陶粒替换部分轻集料，研发了含陶粒的环氧沥青混凝土，拟用于立转式开启桥铺装工程。

本章以天津市塘沽区响螺湾海河开启桥为工程背景，采用有限单元法，建立开启桥整桥有限元模型，对开启桥通车运行、正常开启等过程进行数值模拟，分析开启桥桥面铺装在桥梁开启过程、移动车辆荷载作用下的动力响应，获得的受力指标数据可作为开启桥铺装材料和结构选择的依据。

4.2　开启桥铺装结构有限元模型

4.2.1　工程概况

天津是开启式桥梁的“博览馆”，其数量和形式堪称全国之最。天津海河响螺湾开启桥位于滨海新区响螺湾商贸区，是连接响螺湾区域及渔家堡的重要连接通道，西起西沽地区坨场南道，跨过海河，东至永太路，从西向东依次跨越规划滨河路、海河、规划沿河路、水线路，向东与规划中的中央大道平交。该桥对响螺湾区域的开发，沟通海河南北岸，缓解海门大桥的交通压力，具有十分重要的意义，图4.1a）和b）分别为桥梁在通车和开启状态下的效果图。天津海河响螺湾开启桥体系为枢轴式立转开启桥，采用变截面钢箱梁，开启主跨76m，最大开启角度85°，主梁断面宽20m，行车道宽16m，双向4车道，按设计要求应在5min内完成桥梁开启。

a)闭合状态

b)开启状态

图4.1 开启桥天津海河响螺湾开启桥

4.2.2 开启桥铺装使用条件

开启桥桥面铺装的使用条件，包括环境气候条件、交通量和交通组成、铺装体系的受力状态等。由于钢桥本身在荷载、温度变化和风载作用下变形的复杂性和正交异性钢桥面板结构的特殊性，使铺装层受力变得十分复杂。因此，合理把握使用条件是桥面铺装研究设计的基础。

1）环境条件

天津属大陆性气候，主要气候特征是：四季分明，春季多风，干旱少雨；夏季炎热，雨水集中；秋季气爽，冷暖适中；冬季寒冷，干燥少雪。

天津年平均气温在11.4～12.9℃，1月最冷，平均气温在－3～－5℃，7月最热，平均气温在26～27℃。天津季风盛行，冬、春季风速最大，夏、秋季风速最小。年平均风速为2～4m/s，多为西南风。天津年平均降水量为520～660mm，降水日数为63～70d。天津日照时间较长，年日照时数为2 500～2 900h。

气候条件中对铺装影响最大的因素是气温，根据某国内大跨径钢箱梁桥对钢桥面铺装实测的资料，当最高环境气温为34℃时，桥面钢板表面温度为62℃。由于天津海河响螺湾开启桥为钢桁架桥梁，其散热快于钢箱梁桥，钢板表面温度不会高于钢箱梁桥的钢板表面温度。

根据对海河沿线桥梁设计温度的调查,大部分桥梁的设计工作温度均在 -15~60℃范围内。参考国内已有的钢桥面铺装材料设计的工作温度,结合天津海河响螺湾开启桥所在地区的环境等因素,分析天津海河响螺湾开启桥桥面铺装材料的设计温度范围取为 -15~60℃。

天津海河响螺湾开启桥位于城市主干道,但其交通量,包括重载及超载情况,都较跨江跨海的大跨径斜拉桥或悬索桥少得多,因此,开启桥钢桥面铺装的抗疲劳性能不列为本章要解决的主要问题。但是,在进行通车状态下的开启桥力学响应分析及后续的铺装材料试验研究时,仍选取《公路桥涵设计通用规范》(JTG D60—2004)的公路—Ⅰ级汽车荷载作为设计荷载,确保开启桥在通车状态下的安全运营。

2)受力状态

开启桥不同于一般桥梁的关键之处在于基本受力状态有两种,即通车运营和动态开启。在通车状态下要充分考虑正交异性支撑体系对铺装的受力影响,需要保证铺装结构能够承受车辆荷载的反复疲劳作用,因此,在优选铺装材料时,要保证其各项力学性能满足结构受力的需要。在开启状态时,由于铺装自重的作用,铺装层与钢板之间存在着较大的剪切应力,这就要求在进行力学分析时,要准确模拟铺装层与钢板之间力学响应的瞬态变化,在试验研究时,要考虑开启状态下的铺装体系复合结构的层间黏结强度能否满足力学指标值的要求。

4.2.3 开启桥铺装体系复合结构模型

1)桥梁结构

钢结构开启桥悬臂部分主梁采用变截面钢箱梁,双箱单室,悬臂根部截面高 4m,纵向沿圆弧线变化至端部截面高 1.5m,主梁间设置横梁及桥面加劲肋,如图 4.2 所示;配重部分采用注铅实体钢筋混凝土,按恒载下保持桥体平衡进行设计。主梁通过耳轴与下部桥墩铰支连接,耳轴穿过主梁腹板处,主梁腹板开孔,并密设加劲肋,如图 4.3 所示;开启桥开启装置为枢轴导轨—链轮系统,通过链轮转动完成开启桥的开启和关闭,钢结构开启桥两端均设对准和锁定装置。

2)有限单元

采用 ADINA 实体单元 3D Solid 来离散铺装层,3D Solid 单元为 8 节点六面体线性单元,单元的每个节点具有 3 个自由度:x,y,z 轴的平动自由度。开启桥箱梁、横梁、U 形次梁及桥面均采用 ADINA 壳单元(Shell Element),壳单元为 4 节点四边形有限薄膜应变线性减缩积分壳单元,能考虑有限膜应变和任意大转动,单元的每个节点具有6个自由度:沿 x、y、z 轴方向的平动自由度和绕 x、y、z 轴的转动自由度。铺装层与桥面板之间接触采用弹性连接单元模拟。

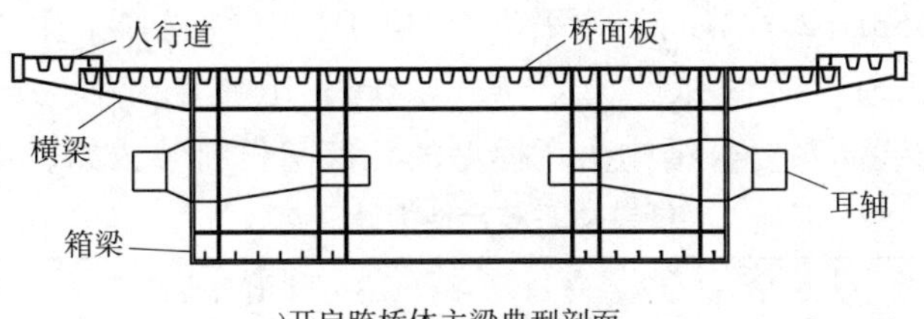

a)开启跨桥体主梁典型剖面

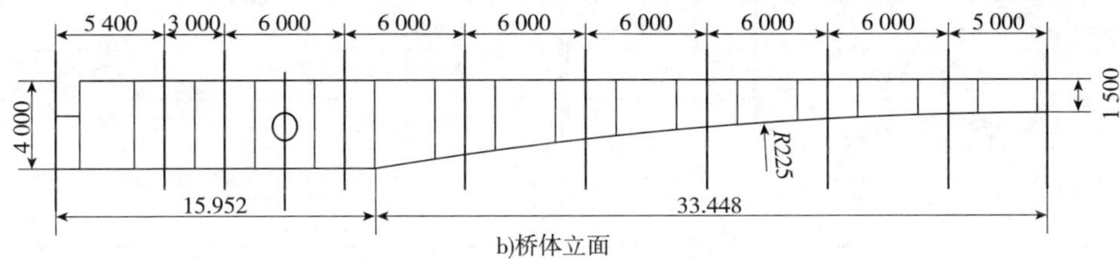

b)桥体立面

图 4.2　桥体结构示意图(尺寸单位:mm)

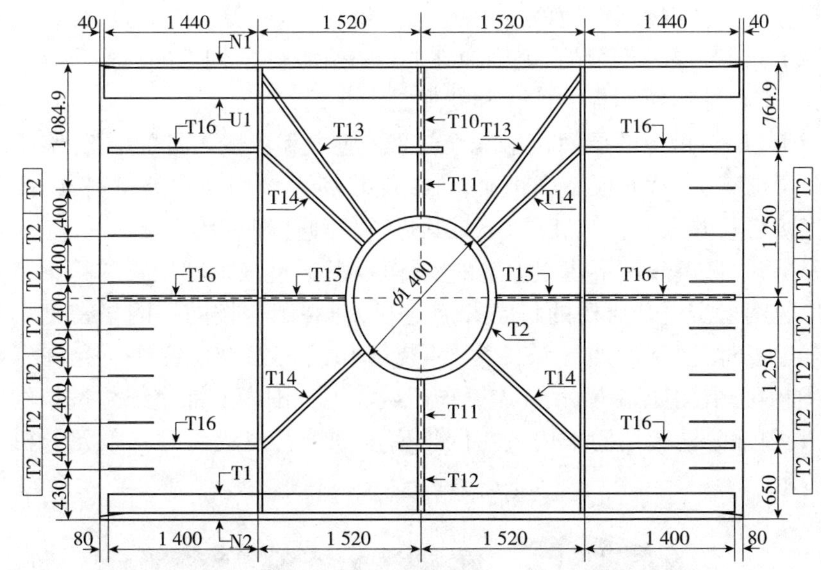

图 4.3　耳轴与桥体主梁连接孔(尺寸单位:mm)

3)计算参数

在进行该开启桥铺装结构力学响应分析时,按照横、纵向中心线选取1/4整桥模型。铺装层材料参数的选取参考东南大学桥面铺装课题组开发的轻质环氧沥青混合料试验结果。根据《公路桥涵设计通用规范》(JTG D60—2004),开启桥设计采用安全系数设计法设计，开启桥正常运行过程中各部分材料均不允许达到其屈服强度，因此分析中不考虑材料非线性，所有材料均按弹性材料属性设定。桥体箱梁材料采用 Q345qD(2 号节间部分采用 Q420qD)，耳轴材料采用 34CrNi3Mo，套环材料采用 20CrMnSi。钢材弹性模量 $E = 2.06 \times 10^{11}$，泊松比 $\mu = 0.3$，密度 $\rho = 7\ 850\text{kg/m}^3$。铺装体系复合结构仿真模型的几何与材料参数如表 4.1 所示。

铺装体系复合结构计算参数 表 4.1

计算参数	值	计算参数	值
桥面顶板厚度(mm)	20	U 形次梁间距(mm)	500
横梁厚度(mm)	16	U 形次梁高度(mm)	251
横梁间距(mm)	3 200	钢密度(kg/m^3)	7 850
U 形次梁厚度(mm)	6	铺装密度(kg/m^3)	1 500
U 形次梁开口宽度(mm)	294	钢泊松比	0.3
U 形次梁闭合宽度(mm)	171	钢弹性模量(MPa)	210 000

4)基本假设和边界条件

建立正交异性钢桥面板铺装体系结构分析模型时，引入如下假设：

(1)沥青铺装层是连续的、完全弹性的、均匀的、各向同性的；

(2)正交异性钢桥面板的位移和变形是微小的；

(3)铺装层与钢板的层间接触完全连续(应力和应变连续)，同时鉴于黏结层厚度相对于铺装层、桥面板厚度很小，且黏结材料大多用沥青类材料，因此有限元计算时直接将其并入沥青铺装层，不对其进行单独处理。

在分析开启过程时，不建立枢轴的实体模型，通过在枢轴位置的箱梁节点处设置转动角速度来实现开启桥的瞬态开启过程，铺装结构按同一网格密度划分。在分析通车过程时，模型的边界条件为：铺装层和钢板无水平位移而允许有竖向位移，在转轴中心结构处完全固结，在行车荷载附近范围内的铺装结构按精细网格密度划分，其他部分铺装结构采用较粗网格密度划分。建成后的有限元分析模型如图 4.4 所示。

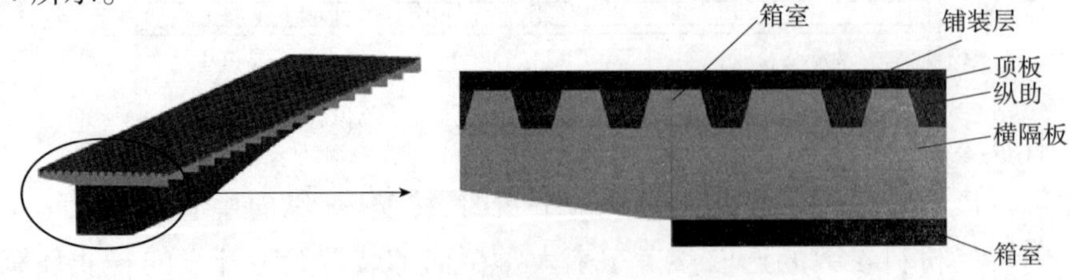

图 4.4 1/4 开启桥铺装结构有限元模型

4.3 开启桥铺装结构开启过程动力分析

4.3.1 模型振动特性分析

采用Lanczos方法对体系模型进行模态分析。选取模型的铺装层密度为1 500kg/m^3(轻质环氧沥青混合料),厚度为30mm,模量为1 000MPa,泊松比为0.25。图4.5为模型的1~6阶振型图和振动频率。

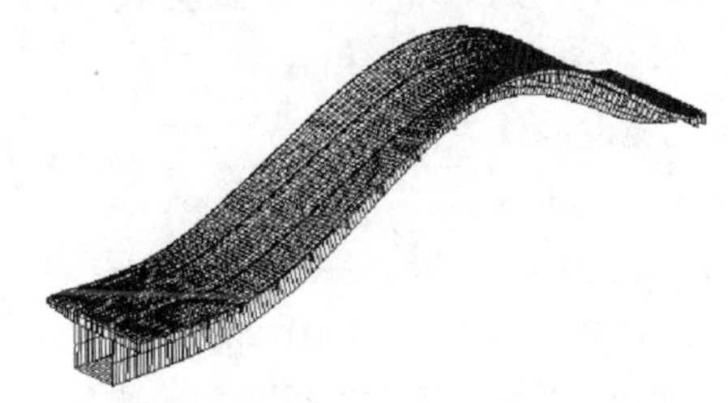

a)1阶振型，频率3.279Hz(竖弯)

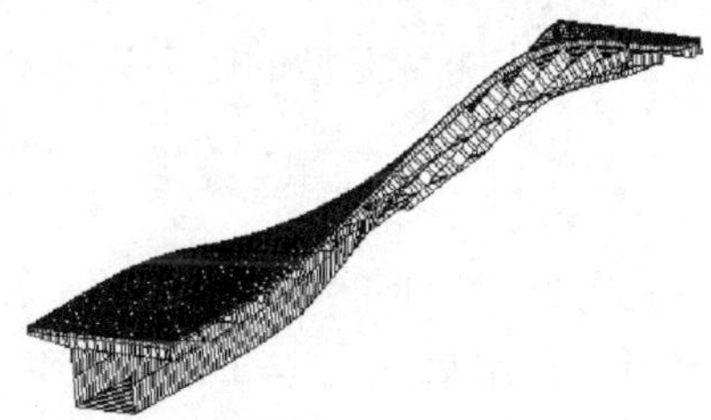

b)2阶振型，频率3.609Hz(扭转)

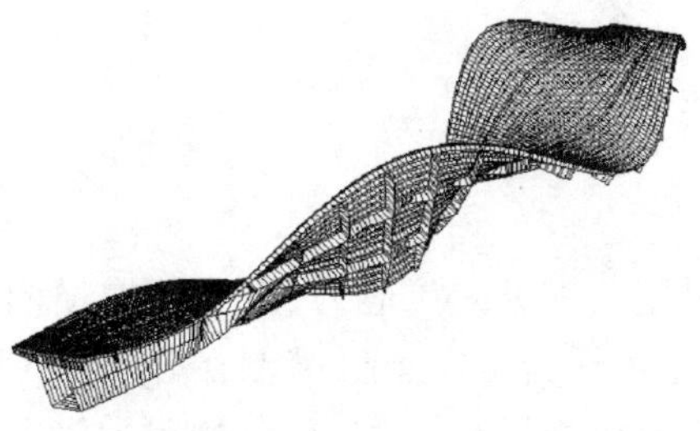

c)3阶振型，频率4.896Hz(扭转)

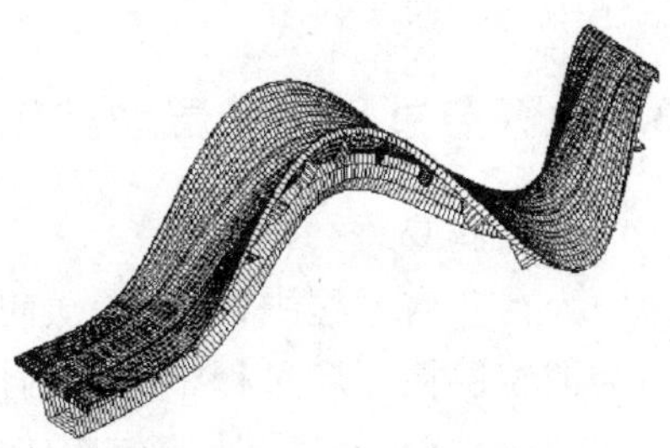

d)4阶振型，频率7.579Hz(竖弯)

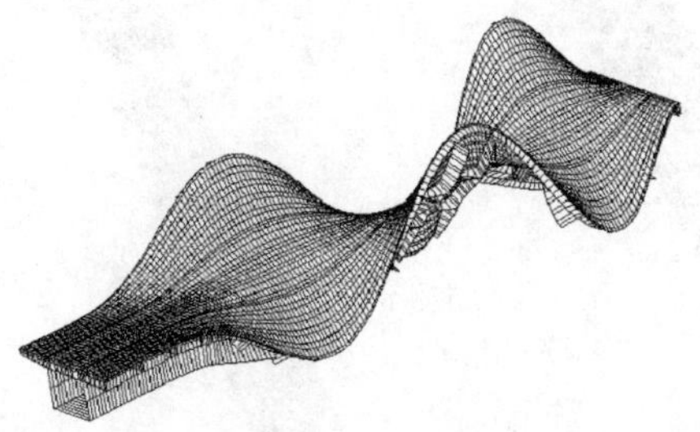

e)5阶振型，频率9.358Hz(扭转)

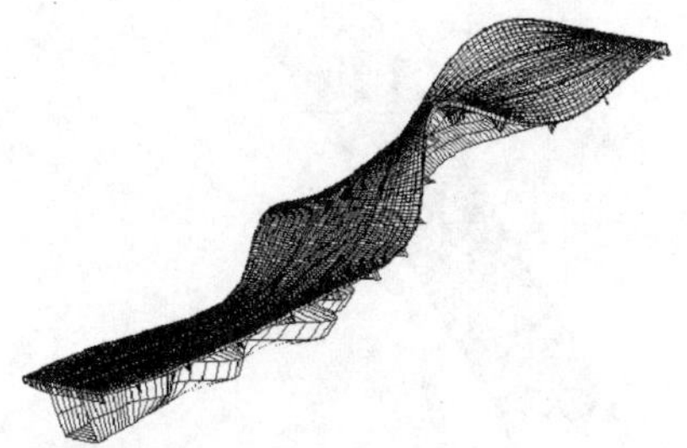

f)6阶振型，频率11.5Hz(扭转+竖弯)

图4.5 单层铺装1/4整桥模型的振动特性

从图 4.5 可以看出,随着阶数的增高,系统的自振频率越来越大。随着阶数的增加,频率的增大,模型的振动变得越来越复杂,从初始的单纯竖弯或扭转振型向竖弯与扭转混合的振型变化,1/4 整桥模型的基频为 3.279Hz 左右。不同密度、不同厚度、不同模量的模型各阶振型的振动特点基本一致,限于篇幅,不再一一列出其他模型的振型图。

4.3.2 阻尼矩阵的选取

阻尼矩阵的模拟采用 Rayleigh 阻尼,即 $C=\alpha M+\beta K$。如果根据试验或相似结构的资料已知两个振型的阻尼比 ξ_i 和 ξ_j,可由下式解得常数 α 和 β。

$$\alpha=\frac{2(\xi_i\omega_j-\xi_j\omega_i)}{\omega_j^2-\omega_i^2}\omega_i\omega_j,\ \beta=\frac{2(\xi_j\omega_j-\xi_i\omega_i)}{\omega_j^2-\omega_i^2} \tag{4.1}$$

由振动特性计算得出模型的一阶频率为 3.279Hz,二阶频率为 3.609Hz,对于工程结构,其阻尼比一般在 0.01 ~ 0.2,在这里拟取阻尼比为 0.01,将频率值和阻尼比代入式(4.1)即可解得阻尼常数 $\alpha=0.034\ 36$,$\beta=0.002\ 904$。采用瞬态动力分析方法求解开启桥在 5min 之内匀速开启达到开启角度为 85°的动力过程及移动荷载作用下的通车过程。

4.3.3 开启过程铺装层动响应

1)横向拉应力

因为在开启过程中,铺装层横向拉应力明显大于纵向拉应力,因此选取横向拉应力为铺装层在开启过程中的控制拉应力。图 4.6 为 1/4 整桥模型在开启角度分别为 30°、60°、85°时铺装层横向拉应力云图。分析结果显示,在开启过程中横向拉应力云图的峰值出现在靠近悬臂开启端的位置。

a)开启角度为30°

b) 开启角度为60°

c) 开启角度为85°

图 4.6 不同开启角度时铺装层横向拉应力云图

开启角度为 85°时，铺装层最大横向拉应力所在截面上横向拉应力分布如图 4.7所示。分析结果表明，同一横截面上横向拉应力的最大值始终出现在箱室腹板上方的铺装层，以结构纵向中心线为轴向基本呈对称分布。在横截面翼缘边缘的铺装层横向拉应力较小，在靠近腹板时其值越来越大，并在腹板正上方时达到最大值，靠近箱室中心线时又有所减小。

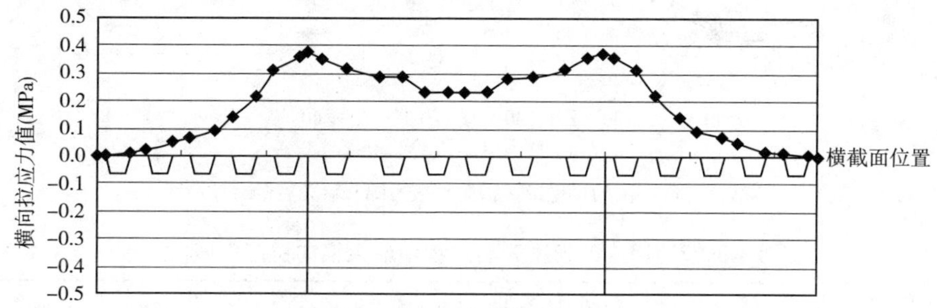

图 4.7 最大横向拉应力所在横截面上横向拉应力分布曲线

图 4.8 为达到最大开启角度 85°时，不同横截面上最大横向拉应力沿纵桥向的分布曲线。可以看出，就纵向而言，铺装层的横向拉应力沿纵向呈明显的非线性变化：在靠近悬臂自由端的过程中，腹板上方的铺装层横向拉应力局部集中区域交替出现；在靠近自由端的区域，横向拉应力由最大正值迅速减小并出现最小负值，在悬臂顶端出现最小负值，最小负值的绝对值要小于最大正值。开启角度一定时，横向拉应力最大值出现在靠近自由端的应力集中区，其纵向位置在某横隔板的正上方。

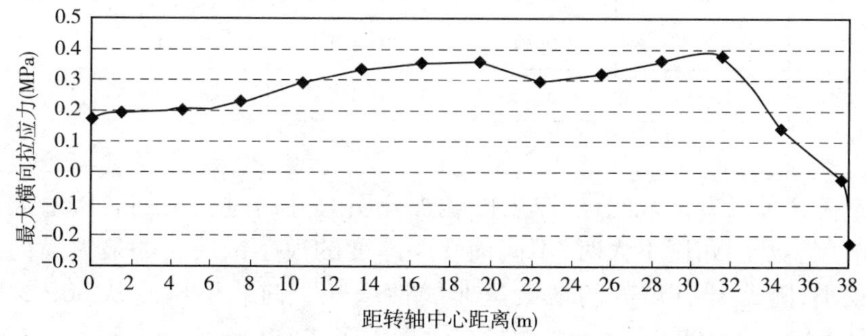

图 4.8 开启角度为 85°时铺装层横截面上最大横向拉应力沿纵向分布曲线

(1)铺装层厚度影响分析

铺装层密度 $\rho = 1\ 500\text{kg/m}^3$，模量 $E = 1\ 000\text{MPa}$，厚度 h 分别为 30mm、40mm、50mm、60mm 的 4 个模型开启过程中最大横向拉应力如图 4.9 和表 4.2 所示。

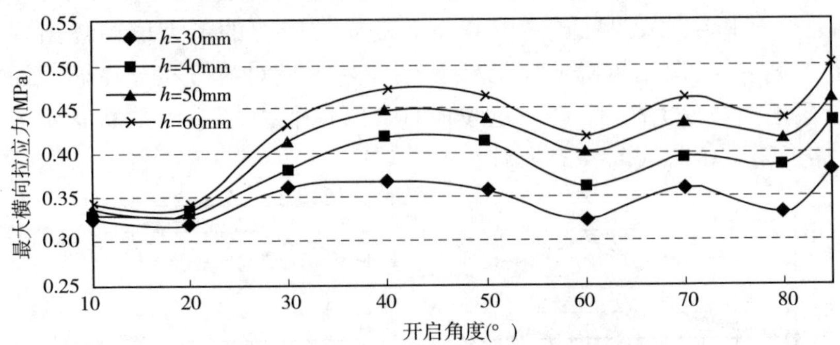

图 4.9　厚度不同的模型最大横向拉应力随开启角度的分布曲线

不同铺装厚度的模型开启过程中最大横向拉应力值　　表 4.2

开启角度(°)	铺装层最大横向拉应力(MPa)				σ_{vii}/σ_{ii}(%)
	σ_{ii}(h=30mm)	σ_{v}(h=40mm)	σ_{vi}(h=50mm)	σ_{vii}(h=60mm)	
10	0. 324	0. 332	0. 337	0. 341	105. 25
20	0. 318	0. 329	0. 332	0. 339	106. 60
30	0. 359	0. 379	0. 413	0. 433	120. 61
40	0. 367	0. 419	0. 449	0. 472	128. 61
50	0. 357	0. 413	0. 439	0. 463	129. 69
60	0. 322	0. 362	0. 399	0. 419	130. 12
70	0. 359	0. 394	0. 434	0. 461	128. 41
80	0. 332	0. 386	0. 416	0. 438	131. 93
85	0. 379	0. 437	0. 463	0. 501	132. 19

由图 4.9 可以看出,铺装层厚度的增加会引起开启过程中铺装层最大横向拉应力的增大。开启角度不大时,不同铺装层厚度的模型铺装层的最大横向拉应力值相差较小,随着开启角度的增大呈非线性增长。铺装层厚度从 30mm 变化到 60mm,厚度增大了 100%,最大横向拉应力增大了 32. 19%。

(2)铺装层模量影响分析

铺装层密度 ρ = 1 500kg/m^3,厚度 h = 30mm,对模量 E 分别为 500MPa、1 000MPa、1 500MPa、2 000MPa 的模型进行了开启过程铺装层动态响应分析。铺装层模量不同的 4 个模型在开启过程中最大横向拉应力如图 4. 10 和表 4. 3。

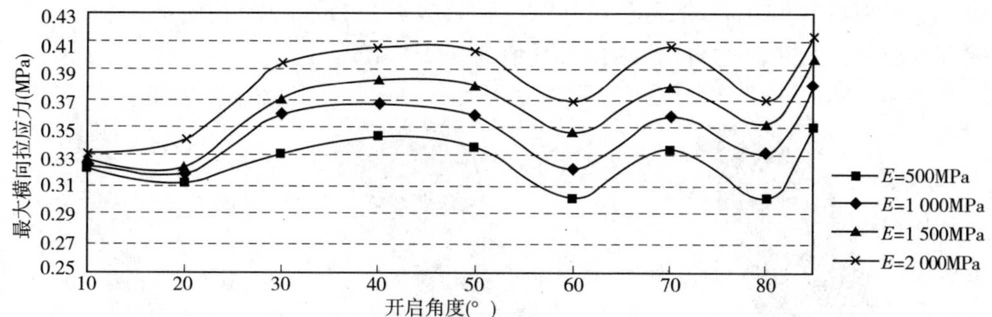

图 4.10 模量不同的模型在开启过程中最大横向拉应力随开启角度的分布曲线

不同模量的模型在开启过程中最大横向拉应力值 表 4.3

开启角度(°)	铺装层最大横向拉应力(MPa)				σ_X/σ_{ii}(%)
	σ_{viii}(E=500MPa)	σ_{ii}(E=1 000MPa)	σ_{iX}(E=1 500MPa)	σ_X(E=2 000MPa)	
10	0.322	0.324	0.328	0.331	102.80
20	0.312	0.318	0.323	0.341	109.29
30	0.332	0.359	0.371	0.394	118.67
40	0.342	0.367	0.383	0.405	118.42
50	0.337	0.357	0.379	0.404	119.88
60	0.302	0.322	0.346	0.368	121.85
70	0.336	0.359	0.379	0.407	121.13
80	0.302	0.332	0.352	0.369	122.19
85	0.352	0.379	0.399	0.415	117.90

可以看出,铺装层模量的增大会引起开启过程中铺装层最大横向拉应力的增大。铺装层模量从 500MPa 变化到 2 000MPa,模量增大了 300%,最大横向拉应力增大了 17.90%。与铺装层厚度对最大横向拉应力的影响相比,铺装层模量对于开启过程中的最大横向拉应力影响较小。

2)*层间最大剪应力*

首先计算静力作用下未开启的铺装受力状态,然后模拟桥梁的瞬态开启过程。结果表明,开启初期,即当开启角度为 10°左右时,层间最大剪应力出现在箱式结构突变处对应的铺装位置,如图 4.11a)所示。当开启角度为 25°左右时,层间最大剪应力出现在转轴上方对应的铺装位置,如图 4.11b)所示。在开启后期,层间最大剪应力出现在自由开启端,如图 4. 11c)所示,且开启过程中铺装层最大剪应力出现在开启至最大角度的自由开启端,其值为 0. 218MPa。

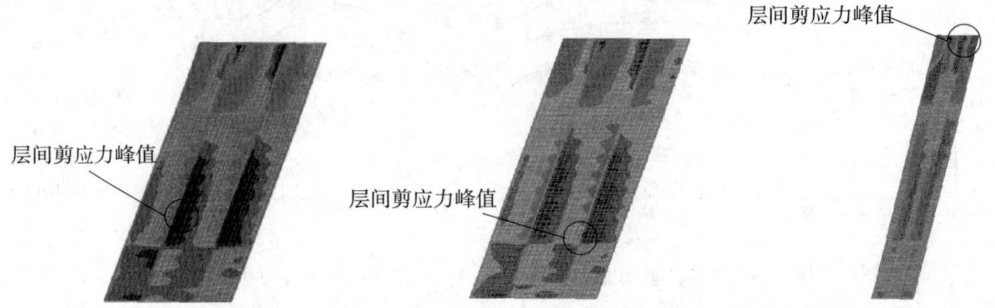

a)开启角度为10° 时的层间剪应力　b)开启角度为25° 时的层间剪应力　c) 开启角度为85° 时的层间剪应力

图 4. 11　开启过程中的铺装与钢板最大层间剪应力出现位置

图4. 12 为模型在开启角度分别为 30°、60°、85°时层间最大剪应力所在的横截面上剪应力横向分布曲线。可以看出,层间剪应力以横截面中心线为轴线呈反对称分布,开启角度不同时最大层间剪应力在横截面上的位置一般出现在腹板的正上方。腹板上方的层间剪应力会出现不同程度的集中效应,开启角度达到最大时,此处出现层间最大剪应力。图 4. 13 为模型在开启角度为 85°时层间最大剪应力沿纵桥向的分布曲线,可见层间最大剪应力出现的纵向位置在结构的自由端。

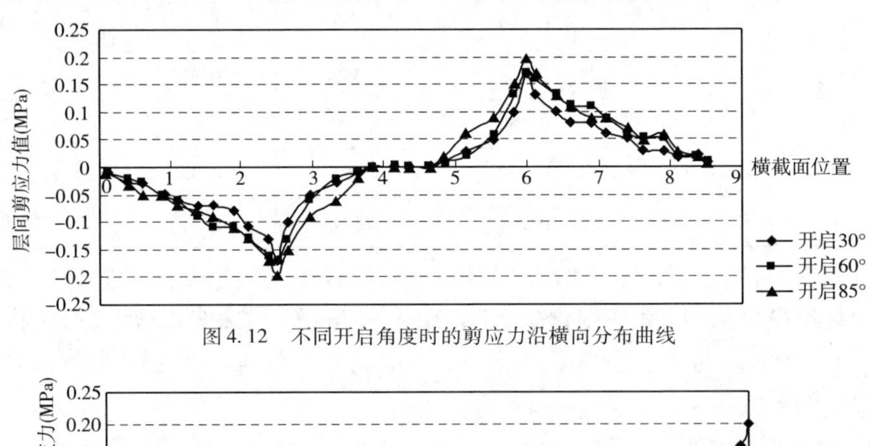

图 4. 12　不同开启角度时的剪应力沿横向分布曲线

图 4. 13　开启角度为 85°时的层间最大剪应力沿纵向分布曲线

(1)铺装层厚度影响分析

铺装层密度 $\rho = 1\ 500\text{kg/m}^3$,模量 $E = 1\ 000\text{MPa}$,厚度 h 分别为 30mm、40mm、50mm、60mm 的 4 个模型在开启过程中层间最大纵向剪应力如图 4.14 和表 4.4 所示。

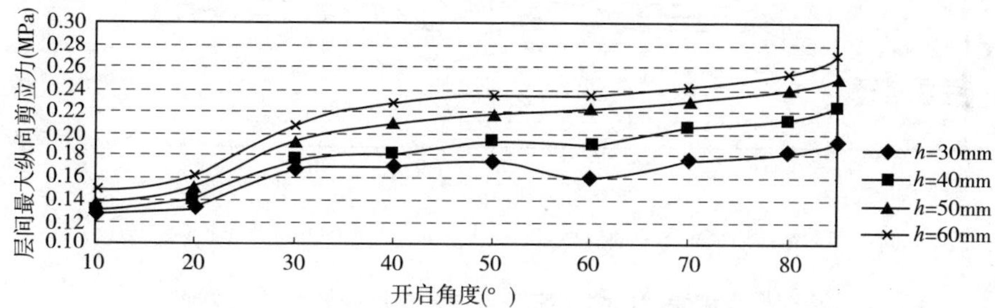

图 4.14 厚度不同的模型层间最大纵向剪应力随开启角度的分布曲线

不同铺装厚度的模型开启过程中层间最大纵向剪应力值 表 4.4

开启角度(°)	层间最大纵向剪应力(MPa)				τ_{vii}/τ_{ii}(%)
	τ_{ii}(h=30mm)	τ_{v}(h=40mm)	τ_{vi}(h=50mm)	τ_{vii}(h=60 mm)	
10	0.125	0.131	0.137	0.146	116.80
20	0.132	0.142	0.151	0.161	121.97
30	0.167	0.175	0.193	0.208	124.55
40	0.170	0.181	0.209	0.227	133.53
50	0.175	0.193	0.217	0.234	133.71
60	0.160	0.190	0.221	0.235	146.88
70	0.176	0.205	0.229	0.244	138.64
80	0.181	0.212	0.241	0.253	139.78
85	0.192	0.221	0.249	0.269	140.10

可以看出,铺装层厚度的增加会引起开启过程中层间最大纵向剪应力的增大。开启角度不大时,不同模型铺装层最大纵向剪应力值比较接近,随着开启角度的增大均呈非线性增长。随着铺装层厚度的增大,模型的最大层间纵向剪应力增长趋势明显。铺装层密度从 30mm 变化到 60mm,密度增大了 100%,层间最大剪应力增大了 40.10%。

(2)铺装层模量影响分析

铺装层密度 $\rho = 1\ 500\text{kg/m}^3$,厚度 $h = 30\text{mm}$,模量 E 分别为 500MPa、1 000MPa、

1 500MPa、2 000MPa 的 4 个模型在开启过程中层间最大纵向剪应力随开启角度的变化曲线如图 4.15 和表 4.5 所示。

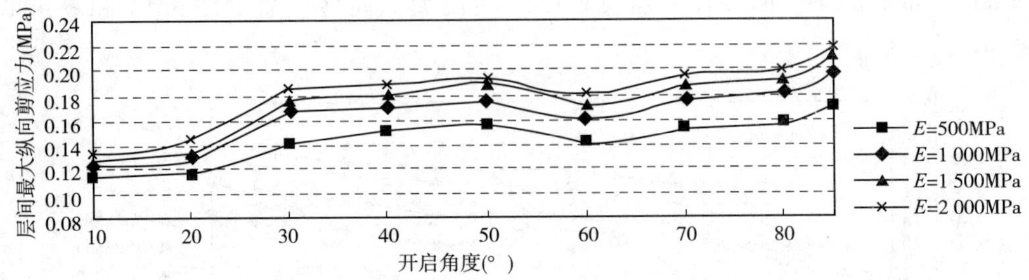

图 4.15　铺装层模量不同的模型层间最大纵向剪应力随开启角度的分布曲线

不同模量铺装层的模型在开启过程中层间最大剪应力值　　表 4.5

开启角度(°)	层间最大纵向剪应力(MPa)				τ_X/τ_{ii}(%)
	τ_{viii}(E=500MPa)	τ_{ii}(E=1 000MPa)	τ_{iX}(E=1 500MPa)	τ_X(E=2 000MPa)	
10	0.115	0.125	0.128	0.132	114.78
20	0.118	0.132	0.135	0.144	122.03
30	0.142	0.167	0.175	0.186	130.99
40	0.151	0.170	0.181	0.189	125.17
50	0.156	0.175	0.190	0.194	124.36
60	0.142	0.160	0.172	0.181	127.46
70	0.153	0.176	0.187	0.196	128.10
80	0.157	0.181	0.193	0.201	128.03
85	0.170	0.196	0.211	0.218	128.24

可以看出,铺装层模量变大后开启过程中层间最大剪应力也会增大,反之层间剪应力则会减小。铺装层模量从 500MPa 变化到 2 000MPa,模量增大了 300%,铺装层层间最大剪应力增大了 28.24%。与铺装层厚度对层间最大剪应力的影响相比,铺装层模量对于开启过程中的层间最大剪应力影响较小。

4.4　开启桥铺装结构通车过程动力分析

4.4.1　铺装结构有限元模型

计算时车辆荷载采用公路— I 级后轴双轮压力(考虑 30% 的冲击荷载作用),

双轮荷载作用如图 4.16 所示，设计车速为 60km/h。在动力分析时采用与开启过程中相同的阻尼系数。

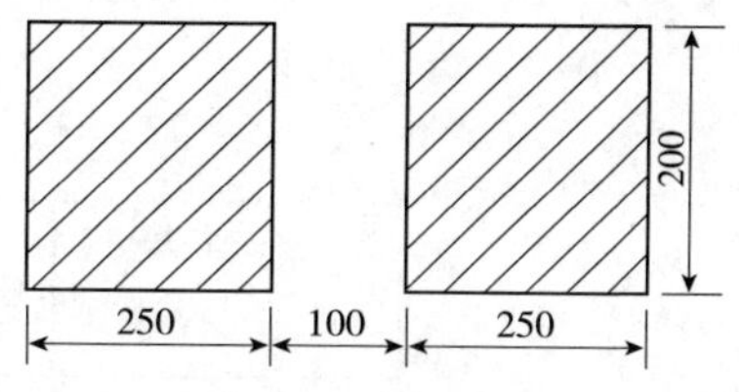

图 4.16 双轮荷载作用示意图（尺寸单位：mm）

实际工程调查表明，大跨径桥梁钢桥面铺装裂缝位置一般都出现在行车道两侧轮迹带的 U 形加劲肋的肋顶以及横隔板上方，横缝则与横隔板的所在位置基本一致。

根据多数大跨径钢桥面铺装受力特性的研究成果，结合开启桥桥跨结构的特点，静力分析时车载选取了 4 个横向荷位进行横向不利荷位分析，即荷位①：钢箱梁一端腹板正上方对称施加；荷位②：临近腹板的纵向加劲肋板正上方对称施加；荷位③：临近箱室中心线附近纵向加劲肋板正上方对称施加；荷位④：对称施加于箱室中心线的正上方，如图 4.17 所示。

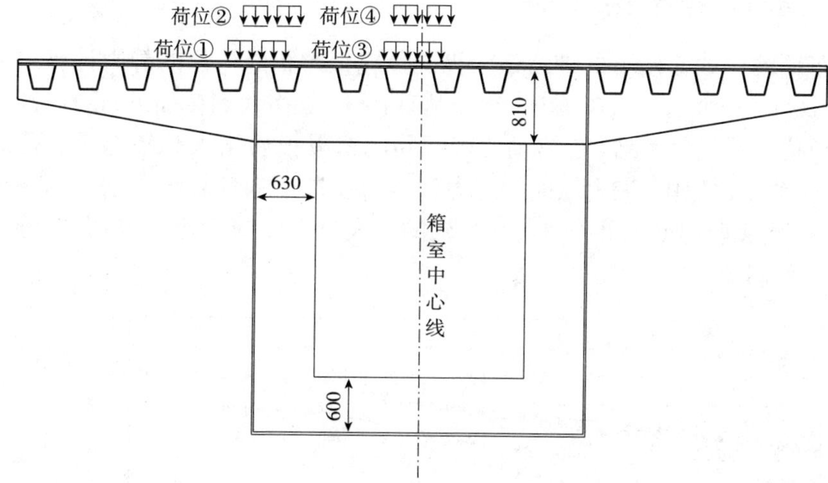

图 4.17 主桥断面及横向荷位（尺寸单位：mm）

不同横向荷位的静力荷载计算结果显示，铺装层纵向拉应力明显大于横向拉应力，因此，选取纵向拉应力为通车状态下的铺装层控制拉应力。进行铺装结构控制拉应力分析时，加载的横向荷位选择如图 4.17 所示的荷位①，即车载横向施加于腹板中心的正上方；在进行钢板与铺装层间剪应力分析时，加载的横向荷位选择图 4.17 所示的荷位④，即车载施加于箱室中心线附近的一个纵向加劲肋中心的正上方。在进行移动荷载分析时，荷载中心沿纵桥向从图 4.18 所示的横隔板的跨中，即截面Ⅰ-Ⅰ，移动到另一个横隔板的跨中，即截面Ⅱ-Ⅱ。

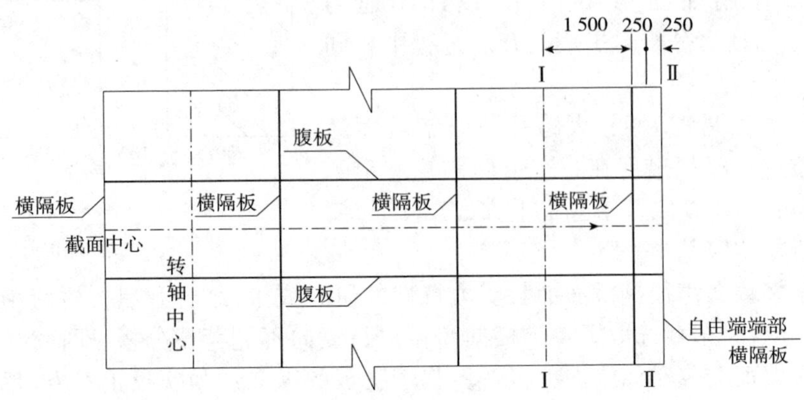

图 4.18　车载沿纵桥向作用位置(尺寸单位:mm)

4.4.2　通车过程铺装层动响应

将车辆动荷载作用下的铺装最大纵向拉应力与相同荷位的静力计算结果进行比较,如图 4.19 所示。可以看出,车载从截面Ⅰ-Ⅰ移动到截面Ⅱ-Ⅱ时,铺装层最大纵向拉应力呈增大趋势,在越过两截面间的横隔板后增大趋势趋缓。荷载向截面Ⅱ-Ⅱ移动的过程中,最大纵向拉应力较静力作用下的计算结果增大的百分比越来越小,荷载移动到截面Ⅱ-Ⅱ时,铺装层的最大纵向拉应力出现峰值,比静力作用时增加了 7.21%。

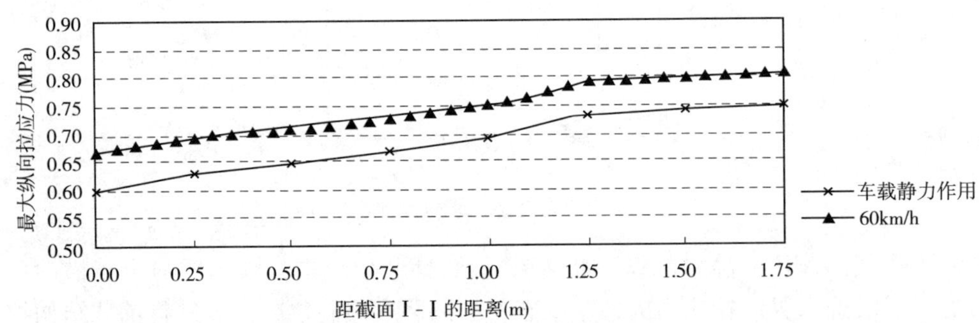

图 4.19　车载静力和移动荷载作用下铺装层最大纵向拉应力分布曲线

层间最大剪应力随荷载作用的纵向位置分布曲线如图 4.20 所示。可以看出,车载从截面Ⅰ-Ⅰ移动到截面Ⅱ-Ⅱ时,层间最大剪应力呈减小趋势,在越过两截面间的横隔板后减小趋势趋缓。移动恒载作用在截面Ⅰ-Ⅰ时层间最大剪应力出现峰值,峰值比静力作用时增加了 16.10%。随着荷载向截面Ⅱ-Ⅱ移动,移动恒载作

用下层间最大剪应力较车载静力作用时的增大百分比越来越大。

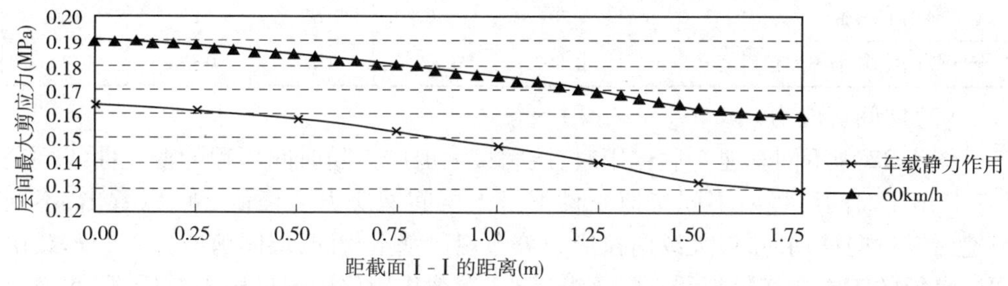

图4.20 车载静力和移动荷载作用下层间最大剪应力分布曲线

4.4.3 设计参数对铺装层动响应的影响

1)车速的影响

车速是影响铺装层动力响应的一个重要因素,计算了车速为40km/h、60km/h、80km/h、100km/h、120km/h等条件下的铺装层动响应。

(1)纵向拉应力

图4.21为不同车速荷载作用时铺装层表面的最大纵向拉应力随时间的变化曲线;表4.6列出了整个时间历程内,不同车速条件下最大纵向拉应力的峰值。可以看出,铺装层最大纵向拉应力随着车速的变大呈增大趋势。不同车速沿纵桥向移动时,最大纵向拉应力分布规律基本相同,最大纵向拉应力随着车载向自由端移动时不断增大。随着车速的增大,纵向拉应力的峰值呈先增大后减小的趋势。车速由60km/h增大到100km/h时,最大纵向拉应力减小了1.25%。可见,在不考虑桥面不平度的情况下,车速对开启桥铺装层纵向拉应力影响不大。

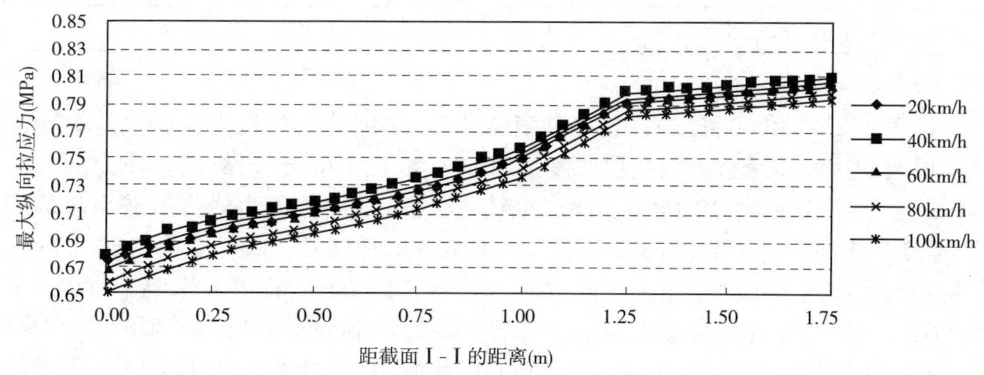

图4.21 不同车速作用下铺装层最大纵向拉应力分布曲线

不同车速时铺装层最大纵向拉应力峰值 表4.6

车速(km/h)	0	20	40	60	80	100
最大纵向拉应力(MPa)	0.749	0.802	0.809	0.803	0.798	0.793

(2)层间剪应力

图4.22为不同车速车载作用时,层间最大剪应力随时间历程的变化曲线。表4.7列出了时间历程内不同车速条件下最大层间剪应力的峰值。可以看出,不同车速沿纵桥向移动时,最大纵向拉应力分布规律基本相同,层间剪应力随着车载由两横隔板的跨中向横隔板移动时不断减小,车载作用位置越过横隔板后,层间剪应力减小趋势变缓。层间最大剪应力峰值随着车速的变大一直呈增大趋势,车速由60km/h增大到100km/h时,层间最大剪应力增大了3.99%。可见,在不考虑桥面不平度的情况下,车速对开启桥铺装层层间剪应力影响也不大。

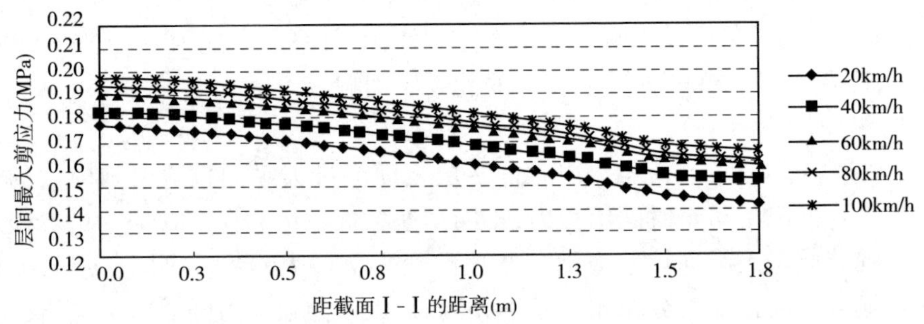

图4.22 不同车速作用下时间历程内层间最大剪应力分布曲线

不同车速在整个时间历程中铺装层最大纵向拉应力 表4.7

车速(km/h)	0	20	40	60	80	100
层间最大剪应力(MPa)	0.164	0.177	0.183	0.190	0.194	0.198

2)厚度的影响

从图4.23a)和b)可以看出,移动恒载作用下,铺装层的最大纵向拉应力随铺装层厚度的增大而减小。铺装层厚度从30mm增加到40mm时纵向拉应力的峰值减小趋势明显,减小了12.08%。厚度继续增大时,纵向拉应力峰值的减小趋势变缓,厚度从40mm增加到60mm,仅减小了4.53%。厚度从30mm变化到60mm时,在移动荷载作用下铺装层最大纵向拉应力减小了16.06%,在静力作用下则减小了18.96%。另外,在移动恒载作用下,层间最大剪应力随铺装层厚度的增大基本呈线性减小。铺装层厚度从30mm增加到60mm时,在移动荷载作用下层间最大剪应力减小了23.16%,在静力作用下则减小了26.22%。

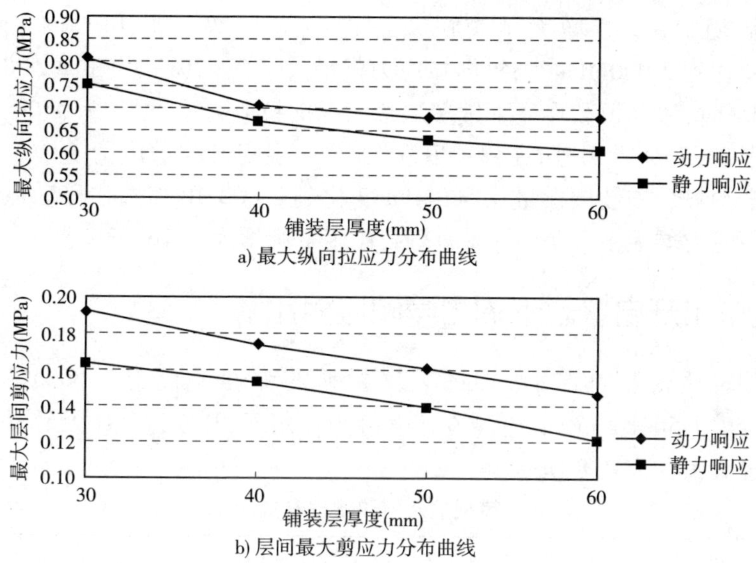

a) 最大纵向拉应力分布曲线

b) 层间最大剪应力分布曲线

图 4.23 不同厚度条件下的铺装层动响应

3）弹性模量的影响

从图 4.24a）和 b）可以看出，在移动恒载作用下，铺装层的最大纵向拉应力随铺装层模量的增大呈增大趋势。模量从 500MPa 变化到 1 000MPa 时，纵向拉应力

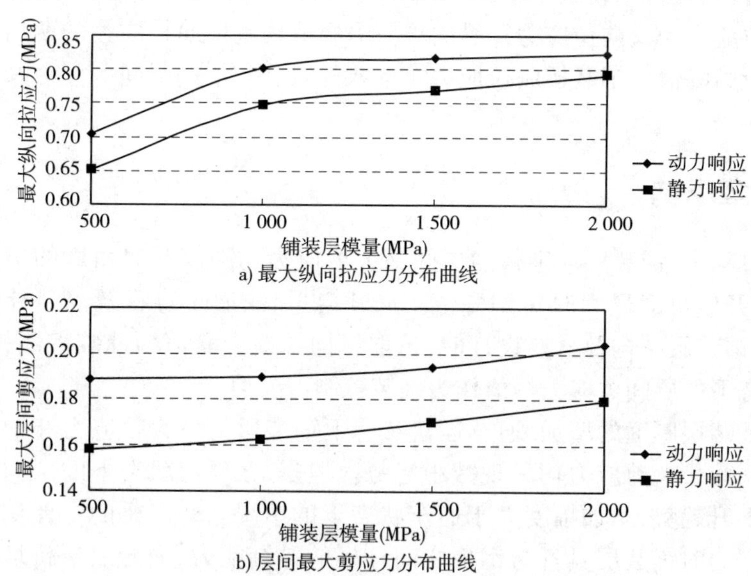

a) 最大纵向拉应力分布曲线

b) 层间最大剪应力分布曲线

图 4.24 不同弹性模量条件下的铺装层动响应

的增大趋势明显，模量增大了 100%，纵向拉应力增大了 14.06%；而模量从 1 000MPa变化到 2 000MPa 时，纵向拉应力仅增大了 2.62%。模量从 500MPa 变化到 2 000MPa 时，移动恒载作用下铺装层最大纵向拉应力增大了 17.05%，静力作用下则增大了 21.75%。另外，在移动恒载作用下，层间最大剪应力随铺装层模量的增大呈上升趋势。铺装层模量从 500MPa 变化到 2 000MPa 时，在移动恒载作用下层间最大剪应力增大了 7.79%，在静荷载作用下则增大了 16.03%。

4.5 通车和开启状态下的力学响应对比

当采用轻质薄型铺装时，即铺装层材料的弹性模量为 2 000MPa，厚度为 30mm，密度为 1 500kg/m^{3}时，铺装在车载静力作用下、开启过程中及移动恒载作用下的响应最大值如表 4.8 所示。

模型的几何和物理参数　　表 4.8

铺装状态	控制拉应力及其最大值(MPa)	最大层间剪应力(MPa)
车载静力作用	0.795（纵向）	0.181
开启过程	0.415（横向）	0.218
移动恒载作用(60km/h)	0.803（纵向）	0.205

可以看出，在行车荷载的作用下，铺装控制拉应力为纵向拉应力，而在开启状态下控制拉应力为横向拉应力。纵向拉应力峰值约是横向拉应力的两倍，因此，选取纵向拉应力峰值为铺装控制拉应力。选取开启状态下的层间剪应力峰值作为铺装控制剪应力。

4.6 本章小结

开启过程中，铺装层与钢板的层间最大剪应力均随着开启角度的增大呈非线性增长，在开启角度最大时达到峰值。从开启过程、通车过程及静载计算结果来看，在进行铺装层结构及材料设计时，选取纵向拉应力峰值为铺装控制拉应力，选取开启状态下的层间剪应力峰值作为铺装控制剪应力。

随着铺装层厚度的增加，通车运营状态下铺装层的最大拉应力和铺装层与钢板之间的层间最大剪应力均呈现减小趋势。但是，在开启状态下的层间最大剪应力呈明显上升趋势，增加幅度大于通车状态下的情况。开启桥的主要功能要求是满足通航开启时铺装层具备与钢板之间良好的黏结能力，而开启桥桥址的交通量一般较跨江跨海的缆索支撑桥梁要小很多，因此，建议开启桥钢桥面的铺装厚度在满足施工中摊铺碾压和通车运营等基本要求的前提下厚度尽量减小。根据目前钢桥面铺装现状,铺装层适宜厚度为 30 ~ 40mm。

无论是通车运营状态,还是通航开启状态,随着铺装层模量的增加,最大拉应力及层间最大剪应力都呈上升趋势,因此,建议铺装层施工在高温条件下进行,通车及开启前的养护阶段都应保持高温条件。

第5章 铁路钢桁架桥防护层动力分析

5.1 概述

随着经济飞速发展，铁路运输趋于高速重载运行，有砟正交异性钢桥面板作为铁路钢桥桥面结构的一种新形式，最早使用在1992年上海铁路局淮南线某桥，其后在我国铁路建设中逐渐被广泛应用。防水保护层（简称防护层）铺设在正交异性钢桥面板和道砟之间，是铁路钢桥的重要组成部分，质量的优劣直接影响钢桥结构的使用耐久性。防护层在使用过程中长期承受疲劳荷载作用往往会出现不同程度的裂缝、破碎等破坏现象。防护层一旦破坏，便会直接影响钢桥的使用耐久性，因此铁路桥梁要求防护层能在长期疲劳荷载作用下不破碎、不崩溃，从而能够有效地保护钢桥结构。

铁路钢桥防护层需要与正交异性钢桥面板之间保持较好的变形追从性，减小不同结构层之间的滑移脱层破坏。水泥混凝土刚性防水保护层由于材料自身的特点，其抗拉性能和变形协调能力较差，较易产生裂缝类病害而使水分侵入钢桥面板。相比之下，沥青混凝土柔性防水保护层体系具有以下优点：①防水性能较为优越；②能适应钢桥面板的反复变形，与钢板的变形追从性较好，抗疲劳性能优越；③具有足够的强度与稳定性。上述优点弥补了刚性防水保护层用于铁路钢桥桥面系的不足。因此，在铁路钢桥正交异性钢桥面板上设置柔性防水保护层具有较大的优越性和可推广性，图5.1为典型的柔性防水保护体系复合结构。

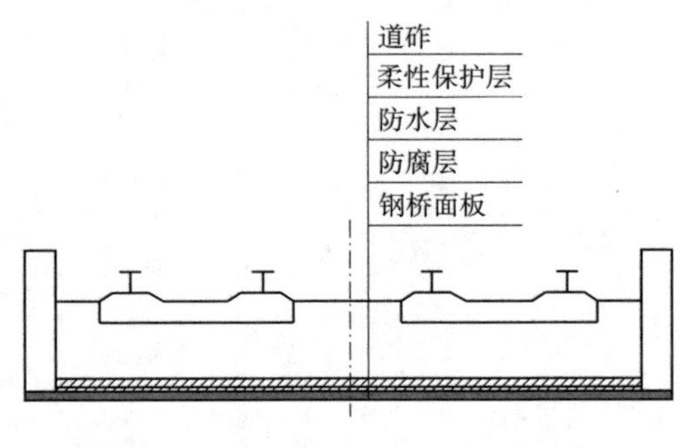

图5.1 柔性防水保护体系复合结构

铁路钢桥桥面体系的组成主要分为轨道系统、防水保护系统和桥面钢结构系统三部分，如图5.2所示。在铁路运行过程中，高速列车作用于桥梁的荷载首先作用于钢轨，钢轨通过支点将作用力传至轨枕，再通过道砟层、保护层及防水黏结层,传递给钢桥面板。因此,耦合体系可拓展为高速列车—轨道—柔性保护层—防水黏结层—桥梁相互作用问题。从铺装体系复合结构的角度出发,分析铁路钢桥防水保护层在列车动荷载作用下的力学特性,在此基础上得到铁路钢桥防水保护体系中的主要力学控制指标值,可为防水保护层试验研究和施工提供理论依据。

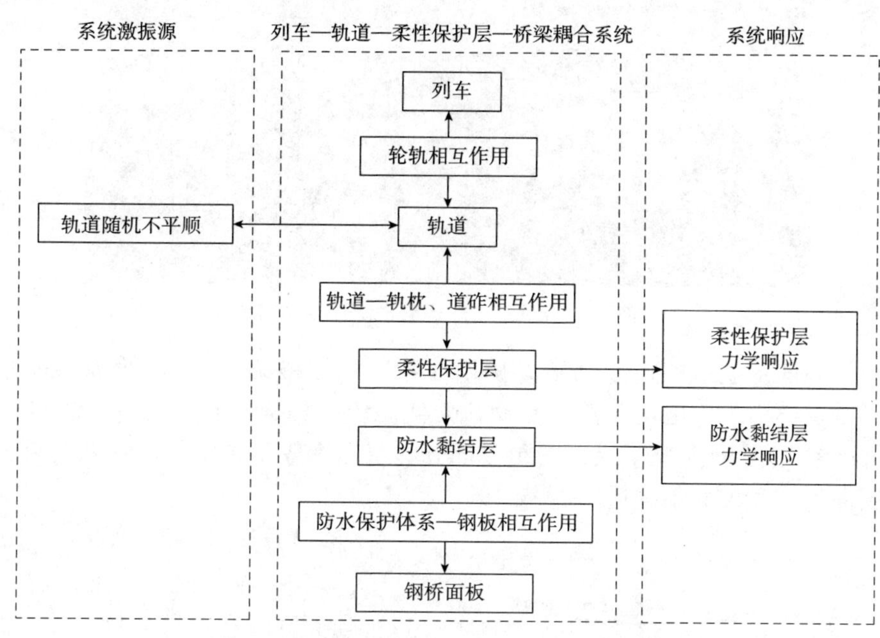

图 5.2 铁路钢桥桥面体系复合结构相互作用机理

5.2 列车—轨道—柔性保护层—桥面板耦合结构有限元模型

5.2.1 工程概况

赣江特大桥位于生米赣江公路大桥上游约 1 500m 处的东新乡跨越赣江,跨江段为 1 900m,通航等级为Ⅱ-3 级,单向通航孔净宽不小于 105m,双向通航孔净宽不小于 180m,通航净高不小于 10m。跨江段桥式设计主跨采用(126 + 196 + 126)m 下承式变高度四线连续钢桁梁,桁梁全长 449.5m,如图 5.3 所示。该桥是杭南长、向莆引入跨赣江的一座关键性桥梁(行车速度目标值 200km/h 以上),也是向莆引入的控制性工程,具有以下几大主要特点:①跨度大,主跨 196m,为目前我国最大跨度的铁路钢桁连续梁桥;②桥面宽,四线铁路一次建成,仅两片主桁,桥面横向跨度大,主桁中心距达 28.8m;③变桁高,下承式上弦加劲变高度钢桁连续梁,基本桁高 19m,支点处桁高 35m。

图 5.3　东新赣江特大桥成桥状态效果图

跨越赣江主航道的连续钢桁梁桥桥面系采用纵横梁、正交异性桥面板方案。铁路钢桥道砟槽主要由道砟槽板与钢轨两侧防撞墙构成,为道砟提供固定位置并与其共同参与受力,是轨下结构的组成部分。道砟槽截面选取主要取决于两点,即道床断面形式和桥面系构造。

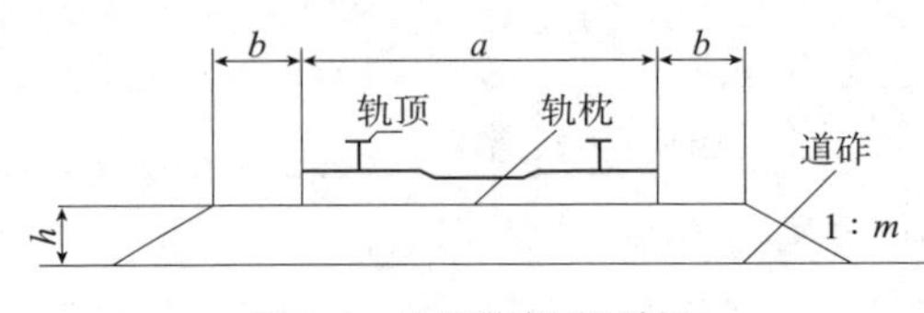

图 5.4　铁路道床通用断面

1)道床断面形式

道床断面形式包括道砟厚度、顶面宽度和边坡坡度三个主要特征。铁路直线地段道床通用断面形式如图 5.4 所示,图中 a 为轨枕宽度,b 为道肩宽度,h 为道砟厚度,道砟坡度为 $1:m$。

道床应具有足够的厚度。工程经验及试验研究表明,为抵抗轨道作用力需要 35cm 道砟厚度。对桥梁结构而言,道床过厚会增加恒载,一般应符合以下规定:铁路旅客列车设计车速 200km/h 以上时,道砟厚度不应小于 35cm,重载及高速铁路的道砟厚度适当增加。东新赣江特大桥设计为向莆线与杭南长客运专线共用桥位,向莆线线路等级为新建时速 200km 客运专线铁路,Ⅰ级标准铁路;预留杭南长客运专线为时速 350km 高速铁路。因此,道砟厚度不应小于 35cm(东新赣江特大桥在最薄处轨枕底面的道砟厚度为 35cm)。

高速铁路为防止行车时道砟散落,防撞墙应高于道砟,为便于轨枕的维修和更换,以及满足防撞功能,防撞墙顶与轨道顶平齐设置。

道床顶面宽度主要由轨枕长度决定,向莆线及规划的杭南长客运专线均采用Ⅲ型轨枕,轨枕长度260cm,两侧道床肩宽均为50cm,道床顶面宽度应为360cm。

由于列车运行速度较高,且根据《新建时速200~250公里客运专线铁路设计暂行规定》(铁建设[2005]140号),新建Ⅰ级铁路道砟桥面的线路中心线距道砟槽防撞墙内侧最小距离不应小于2.2m,因此坡度设计采用坡度为1∶1.75的缓坡。

2)桥面系构造

东新赣江特大桥为下承式变高度钢桁梁桥,两侧主桁中心距28.8m。桥面系采用纵横梁、正交异性钢桥面板。全桥四线铁路,每线对应位置设两道间距为2.0m的大纵梁,大纵梁采用倒T形截面;在每个主桁节点处设横梁一道,横梁间距14m,采用倒T形变高度截面,并与桥面焊接形成整体;横截面内另在道砟槽外侧检修道下方设小纵梁6条;桥面每隔2m设一道横向加劲肋。桥面采用整体正交异性钢桥面板,板厚16mm,横向与主桁下弦杆连接处变坡度由16mm调整为24mm,并与主桁焊接,共同参与结构受力。防撞墙与桥面采用圆头剪力钉连接。

荷载传递路径为桥面—加劲肋—纵梁—横梁—主桁。在纵、横梁顶端桥面受力较为复杂,不适宜开孔,因此挡砟墙底端不宜设在梁顶。为方便施工,防撞墙底应尽量避开已有构造物。

3)拟采用的道砟槽形式

在钢板上进行防腐涂装后,喷涂防水层,随后铺筑柔性保护层。柔性保护层除了需具备水泥混凝土的优点,还需具有抗变形能力强、对钢板变形追从性好、与防水层连接紧密的特点,能够有效分散荷载、保护防水层免受机械破坏。环氧沥青混合料固化后具有较高的强度,较好的高、低温性能以及良好的防水、防腐蚀和防渗透性能,因此拟采用"环氧沥青混凝土道砟槽底板+水泥混凝土防撞墙"的道砟槽形式,结合以上因素进行设计的道砟槽形式如图5.5所示。

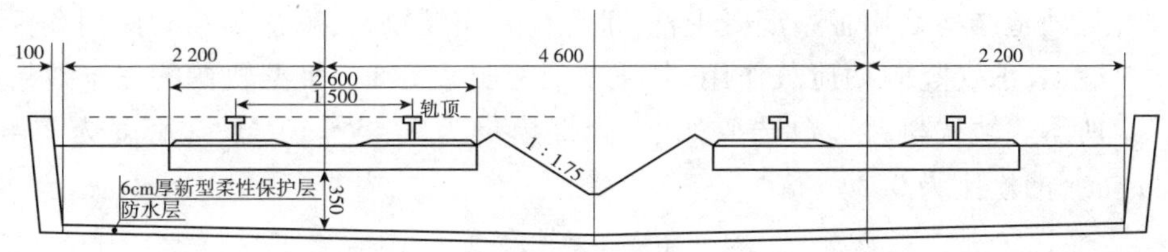

图5.5 道砟槽设计断面(尺寸单位:mm)

5.2.2 耦合体系复合结构有限元模型

建立铁路钢桥桥面防水保护体系模型,首先需要对模型中各个组成部分以及组成部分间的连接方式进行剖析,并结合主要研究目的对各个结构和连接方式进行单元选择。然后分析耦合体系模型的假设条件、边界条件以及施加的计算荷载,最后建立模型,并验证其可靠性。

1)轨道系统

(1)钢轨

钢轨作为一个等截面的细长构件,在对其进行有限元分析时,有两种方法可供选择。一种是将其看作无限长的点支撑梁,采用梁单元对其进行离散;另一种是将其看作一个实体构件,采用实体单元对其进行离散。由于有限元分析的主要目的是计算防水黏结层在移动车辆荷载工况下的力学响应,拟选用梁单元对钢轨进行离散,以简化模型,可提高仿真计算的效率。图 5.6 为钢轨三维效果图。

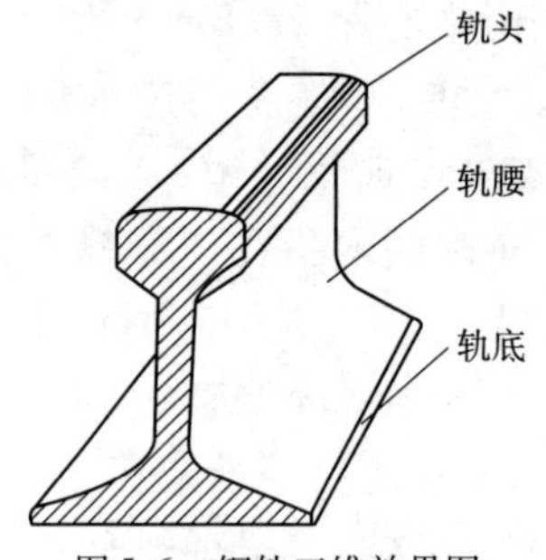

图 5.6　钢轨三维效果图
(尺寸单位:mm)

选择 60kg/m 钢轨的材料特性参数如下:材料的弹性模量为 2.059×10^5 MPa,密度为 7.644×10^3 kg/m^3,泊松比为 0.27,截面面积为 7.078×10^{-3} m^2,惯性矩为 3.203×10^{-5} m^4。在建立钢轨的有限元模型时,根据前述的分析应采用自定义横截面的梁单元对钢轨进行离散。

(2)轨枕

轨枕既要支承钢轨,又要保持钢轨的位置,还要把钢轨传递来的巨大压力再传递给道床。它必须具备一定的柔韧性和弹性,列车经过时,它可以适当变形以缓冲压力,但列车过后还得尽可能恢复原状。轨枕结构特殊,纵向分布,对保护层受力分布特性可能产生影响,故选用实体单元对其进行模拟。

此处轨道结构选用Ⅲ型混凝土枕,Ⅲ型枕底面较宽,长度达 2.6m,使用高标准 C60 混凝土,承受竖向动荷载作用,其主要尺寸见表 5.1。Ⅲ型轨枕的三维效果如图 5.7 所示。轨枕材料参数选取如下:弹性模量为 3.45×10^4 MPa,密度为 2.4×10^3 kg/m^3,泊松比为 0.2。

Ⅲ型混凝土枕尺寸　　表 5.1

型号	长度(mm)	轨下截面(mm)		中间截面(mm)		枕底面积(cm^2)	轨枕质量(kg)
		高度	宽度	高度	宽度		
Ⅲ型	2 600	230	300	185	280	7 720	320

(3)道砟

道砟是指用作承托路轨枕的碎石,是常见的轨道道床结构。使用道砟的好处在于,容易排水及调校路轨位置,同时由于道砟把列车及路轨重量分散在路基上,减少列车振动及噪声,令乘客舒适度增加。桥面系结构中,道砟层与保护层直接连接,传递荷载作用。在桥面防水保护体系耦合模型中,道砟并不是主要研究对象,并且考虑其同轨枕的统一建模,选用实体单元对有砟道床进行离散处理。对于道砟材料特性,目前国际上并没有十分成熟的经验可以借鉴,故在这里采用线弹性材料对其进行模拟。

根据规范,碎石道床材料应采用特级碎石道砟,道床顶面宽度为3.6m,道床厚度为40cm,道床边坡坡度为1:1.75。道床顶面低于轨枕承轨面30mm。材料参数选取如下:弹性模量为150MPa,碎石道床重度为20kN/m^3,泊松比为0.27。一般铁路道砟如图5.8所示。

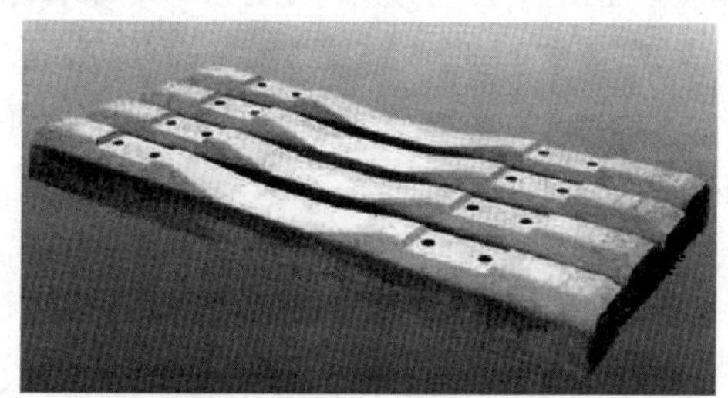

图5.7　Ⅲ型轨枕三维效果图

图5.8　铁路道砟

2)防水保护系统

(1)保护层

在铁路钢桥铺装体系中,保护层是铺设在道砟与钢桥面板之间,不直接承受列车荷载作用的结构层。因此,它的主要作用是保护防水黏结层,提高钢桥面板的使用耐久性。本章研究中的保护层选用在公路桥梁上广泛应用的环氧沥青混凝土材料,拟采用实体单元对柔性保护层进行离散处理。

采用实体单元离散保护层结构时,拟定保护层厚度为60mm,选取常温状态下材料参数如下:弹性模量为1 000MPa,密度为2.6×10^3kg/m^3,泊松比为0.25。

(2)防水黏结层

防水黏结层铺设在保护层和钢桥面板之间,首先要保证它具备良好的变形追从性和黏结性能,保持钢板和保护层的整体性和协同工作的能力;其次,由于桥面特殊的工作环境,还须考虑防水黏结层材料的长期防水性能,以达到阻隔水分下渗对桥面钢结构腐蚀破坏的目的,有效延长桥梁使用寿命。防水黏结层的质量优劣直接影响桥面铺装和桥梁的耐久性，因此其也是本章主要的研究对象。研究模型选用环氧沥青防水黏结材料作为防水黏结层材料。防水层的设计厚度较保护层和钢板薄，模型中采用的厚度为0.68mm，密度为1.02kg/m^3，泊松比为0.25。

3）桥面钢结构体系

桥面采用纵横梁、正交异性钢桥面板，纵肋采用倒T形肋，钢桥面板与主桁采用焊接，拟采用板壳单元对桥面板和纵肋进行离散。因为横梁厚度较大，所以采用实体单元对横梁进行建模。

4）桥面结构连接方式剖析及单元选择

（1）防水界面接触状态设置

在以往的力学分析中，大多将保护层和防水黏结层看作一个整体，直接铺筑在钢板上，没有单独考虑防水黏结层，或者将防水黏结层看作与保护层和钢板完全连续。这样处理存在两个问题：首先，由于钢板与保护层的模量都比较大，防水黏结层的模量相对较小，在模量较大的钢板和保护层中间夹一层模量很小的防水黏结层与将模量较大的钢板与保护层直接连接，两者的受力状态必定不同。第二，在实际使用过程中，因桥面各结构层的材料性质不同，以及施工工艺和质量的影响，层间界面黏结比较薄弱，尤其是防水黏结层与桥面钢板之间，由于材料性质的差异，往往通过接触传递应力。这种黏结状况和完全连续相比效果相差很多，桥面各结构层间的联结应考虑各结构层之间的接触状况。因此，为了更准确地模拟防水黏结层和防水界面的受力状态，不仅需要单独设置防水黏结层结构进行分析，还需要通过设置层间接触模拟桥面各结构层的实际工作状态。

在桥面及路面结构层间相互作用力的研究中，有学者采用Goodman模型作为分析层间接触状态的基本模型。有限元方法及计算技术的发展，为分析接触问题提供了有力的工具，可以对接触的全过程进行计算机数值模拟，故本章分析中将黏结层与保护层和钢板之间作接触处理。防水黏结层相对于保护层较薄，因此采用二维板壳单元对其进行离散。黏结层与上部的保护层和下部的钢板采用ADINA软件中的接触单元进行连接，用于分析其与钢板之间的黏结剪应力变化规律，层间接触状态通过改变摩擦系数调整。

（2）轨道结构扣件连接设置

在实际的轨道系统中，钢轨与轨枕之间通过扣件及垫板进行扣压连接，主要作用是长期有效地保持钢轨与轨枕的可靠连接，阻止钢轨相对于轨枕的移动，并能在动力作用下充分发挥其缓冲减震性能，延缓轨道残余变形累积。扣件及垫板的弹性和阻尼作用的一部分与竖向平行，可将扣件和垫板处理为线性弹簧和阻尼器，只考虑弹簧轴向压缩与伸长,忽略弯扭剪切影响。轨道结构连接模型如图 5.9 所示。

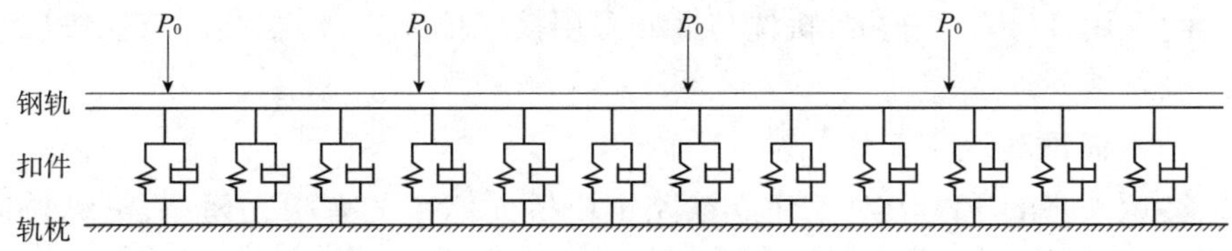

图 5.9 轨道结构模型

在进行有限元模拟时,常见的钢轨、轨枕模型主要有:一次梁(单层)轨道模型,认为钢轨和轨枕之间是紧密接触的;二次梁(双层)轨道模型,认为钢轨和轨枕之间具有相互作用,并通过弹簧—阻尼器来模拟;三层轨道模型,同时增加了对道床的细化考虑,使模型更为复杂。钢轨与轨枕之间的支撑体系主要有连续支撑和离散支撑。由于轨枕离散支撑模型中考虑了轨枕的间隔,更能反映钢轨下轨枕分布和由于轨枕间距造成的列车通过频率,所以离散支撑模型在各项研究中使用得比较多。鉴于研究对象主要为局部梁段的防水体系,因此在建模时考虑二次梁模型和离散支撑体系。

模型中轨道系统的组成如图 5.10 所示,钢轨与轨枕之间采用 ADINA 软件中的弹簧—阻尼单元连接,模拟扣件竖向变形的能力,此处仅允许其发生竖向变形。轨道结构主要参数如表 5.2 所示。

图 5.10 轨道结构模型

轨道模型力学参数 表 5.2

参数	数值	备注
钢轨弹性模量(MPa)	2.059×10^{5}	
钢轨截面面积(m^2)	7.078×10^{-3}	
钢轨截面惯性矩(m^4)	3.203×10^{-5}	
钢轨材料密度(kg/m^3)	7.644×10^{3}	
轮轨质量(kg)	60	每一车轮下,左右对称
弹簧刚度系数(N/m)	80 000 000	每根轨道
阻尼系数(N·s/m)	25 000	每根轨道

综合上面的分析，耦合体系中结构组成部分的连接方式单元特性如下：钢轨与轨枕之间采用弹簧单元连接，轨枕与道砟采用接触单元连接，黏结层与保护层和钢板采用接触单元连接。

5)基本假设和边界条件

以客运铁路的单线为对象建立铁路钢桥桥面体系的有限元模型，沿纵桥向取五跨，包括6块横隔板，横隔板间距为3.0m。在有限元ADINA软件中建立正交异性铁路钢桥面板防水保护体系结构模型时，引入如下假设和边界条件。

(1)柔性保护层采用环氧沥青混凝土，假设该材料连续、完全弹性、均匀且各向同性；

(2)桥面钢板的位移和变形是微小的；

(3)有限元模型横隔板底部完全约束，横向边缘无横向水平位移，纵向边缘无纵向水平位移，其中纵向是指车辆行驶的方向。

6)耦合体系分析模型及其验证

高速列车、轨道、防水保护结构、桥面结构四个子系统分别通过各结构层之间的相互作用关系耦合成一个整体，根据前文的论述，选取单线进行建模，有砟轨道结构的耦合模型如图5.11所示。

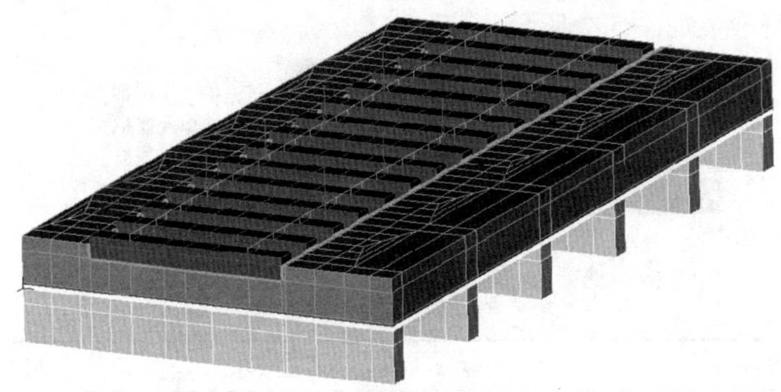

图5.11 耦合体系作用模型

在计算防水保护层体系力学响应之前，通过桥面轨道结构的数值算例，验证本章建立的桥面防水保护体系耦合作用模型的有效性和可靠性。在模型轨道上施加中速列车DF_{11}轮重，在设计列车车速为200km/h情况下，计算得到不同道砟厚度对应的道床底面应力值。由本章模型得到的道床底面应力计算结果与文献[33]相同结构计算结果(表5.3)相比，误差较小，在3%以内，说明了本章建立的仿真模型的有效性。

道床应力值对比 表 5.3

道床厚度(cm)		35	45	50
道床底面应力值 σ(kPa)	文献[33]相同结构计算值	0.196	0.152	0.137
	本章模型计算值	0.198 3	0.155 9	0.140 6

建立桥面防水耦合体系有限元模型之后,分别在钢轨上施加列车静荷载和考虑轨道不平顺的随机动荷载,并对计算结果进行对比分析。

5.3 柔性保护层动力分析

5.3.1 ZK 特种活载

为了研究列车荷载沿纵桥向移动引起的保护层应力变化规律,根据《新建时速200~250公里客运专线铁路设计暂行规定》(铁建设[2005]140号),选用ZK特种活载施加在钢轨表面,将ZK特种活载沿列车行驶方向的竖向荷载分别定义为荷载①、荷载②、荷载③和荷载④,并定义ZK特种活载纵向四排荷载的中线为荷载中心线,如图5.12所示。由于列车荷载的横向荷位是确定的,只讨论列车荷载的纵向荷位变化对柔性保护层力学响应的影响,纵向荷载作用范围如图5.13所示,沿纵桥向以0.1m为间隔移动一跨横隔板。

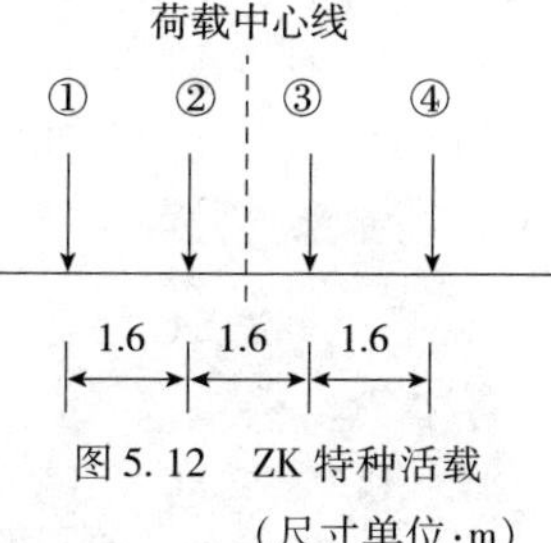

图 5.12 ZK 特种活载
(尺寸单位:m)

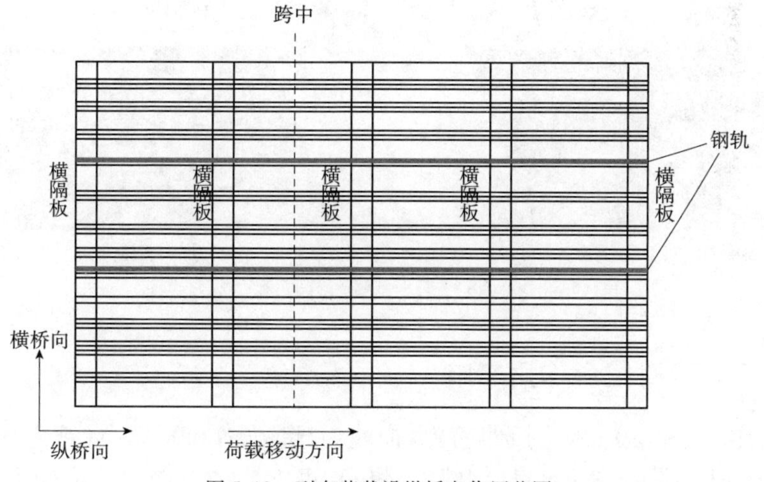

图 5.13 列车荷载沿纵桥向作用范围

进行柔性防水保护层力学响应分析时,选取环氧沥青柔性保护层的横向拉应力、纵向拉应力、钢板与防水层之间的层间剪应力和竖向挠度作为力学分析的主要研究对象。

由图5.14可见,由于ZK特种活载的作用形式,柔性保护层表面的最大竖向位移都分布在荷载作用的中心区域。最大横向拉应力出现在轨枕两侧以及纵肋上方对应的区域,这些区域是保护层出现纵向开裂的危险区域。最大纵向拉应力出现在轨枕下方对应的保护层区域,这些区域是保护层出现横向开裂的危险区域。横向层间剪应力的最大值出现在荷载下方轨枕两侧对应的保护层区域。纵向剪应力集中分布在荷载下方轨枕对应的保护层区域。这些区域是发生层间剪切破坏的危险区域,并且更容易发生钢板和防水黏结层的横向层间滑移及剪切破坏。

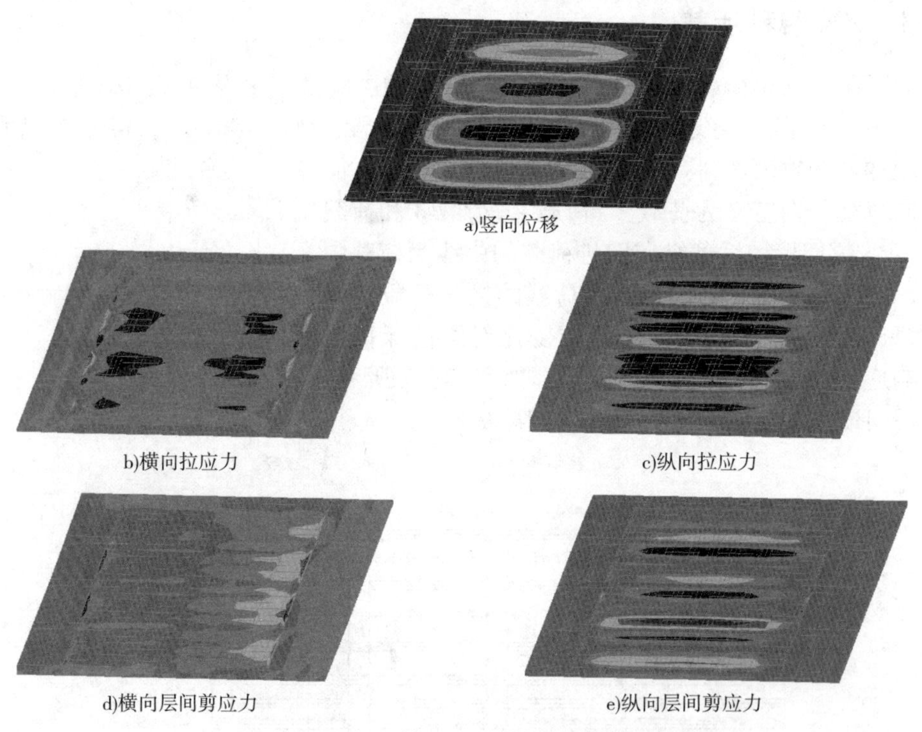

图5.14 柔性防水保护层力学控制指标值分布云图

5.3.2 不同荷载组合作用影响

桥上无缝线路纵向力包括伸缩力、挠曲力、断轨力和制动力(或牵引力)。伸缩力是指因温度变化,桥梁与长钢轨相对位移而产生的纵向力。挠曲力是指在列车动荷载作用下,桥梁挠曲引起桥梁与长钢轨相对位移而产生的纵向力。断轨力是指因长钢轨折断,引起桥梁与长钢轨纵向相对位移而产生的纵向力。列车制动或牵引力是指列车制动或牵引时引起桥梁与长钢轨相对位移而产生的纵向力。无缝线路纵向力均为由于桥梁与长钢轨相对位移而产生的纵向力。在有限元计算分析时,纵向力均通过在有限元模型上施加纵向线荷载来模拟。

在具体计算时,考虑以下荷载组合:列车竖向荷载+伸缩力、列车竖向荷载+挠曲力、列车竖向荷载+制动力、列车竖向荷载+挠曲力+制动力、列车竖向荷载+挠曲力+断轨力。根据《铁路轨道设计规范》(TB 10082—2005),不考虑伸缩力和挠曲力的相互影响,因此,伸缩力和挠曲力不同时考虑。计算伸缩力,纵向阻力取70N/cm。计算挠曲力,机车下纵向阻力取110N/cm。计算断轨力,纵向阻力取110N/cm。

以ZK特种活载作为竖向计算荷载,根据《铁路轨道设计规范》(TB 10082—2005),列车制动力的制动力系数按列车竖向荷载的10%计算。因此,在ZK特种活载作用下,列车制动力为25kN,考虑列车制动力作用下的计算荷载图示如图5.15所示。

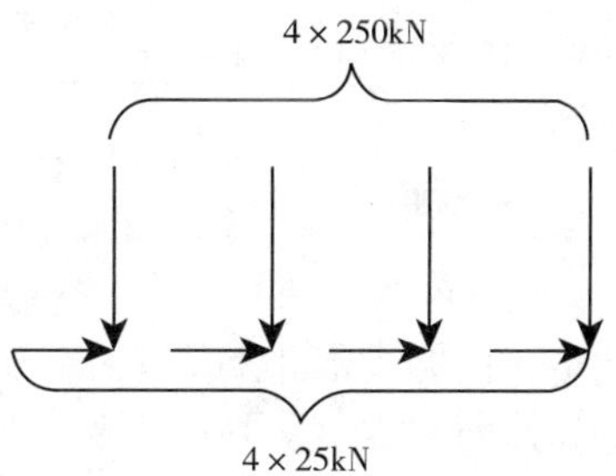

图5.15 考虑制动力作用下的列车荷载

由表5.4可以看出,考虑不同荷载组合工况的柔性防水保护层各项力学控制指标峰值都有所上升,但是增加量不大,均不超过12%。这是因为列车荷载并不是直接作用于柔性防水保护层,纵向力通过车轮与保护层之间的轮轨系统(铁轨、轨枕结构层)以及厚度较大的道砟结构进行分散传递。

考虑不同荷载组合的柔性防水保护层力学响应峰值 表5.4

荷载组合	竖向位移(mm)	压应力(MPa)	拉应力(MPa)		防水层剪应力(MPa)	
			横向	纵向	横向	纵向
列车竖向荷载	0.760 7	0.200 0	0.280 0	0.230 0	0.235 0	0.123 5
列车竖向荷载+伸缩力	0.762 8	0.201 1	0.282 4	0.234 7	0.235 4	0.123 2
列车竖向荷载+挠曲力	0.763 9	0.201 5	0.282 6	0.236 3	0.235 8	0.125 4
列车竖向荷载+制动力	0.765 0	0.201 8	0.282 8	0.237 7	0.236 1	0.129 1
列车竖向荷载+挠曲力+制动力	0.768 2	0.203 2	0.283 3	0.241 9	0.237 2	0.138 4
列车竖向荷载+挠曲力+断轨力	0.767 2	0.202 0	0.283 2	0.240 6	0.236 8	0.134 4

5.3.3 铺设道砟影响

钢桥施工完成后，需要先铺设防水保护层，然后再铺筑道砟层。道砟层的铺筑过程会对柔性保护层的初始状态受力产生一定的影响。为了准确计算柔性保护层在铁路钢桥体系中的受力状态，考虑道床采用单线单幅摊铺，每幅宽4.5m，道砟摊铺速度控制在2.5～3.0m/min，摊铺道砟层厚度为35cm。计算结果见表5.5。

考虑铺设道砟工况的柔性保护层力学响应峰值　　表5.5

荷载工况	竖向位移（mm）	压应力（MPa）	表面拉应力（MPa）		防水层剪应力（MPa）	
			横向	纵向	横向	纵向
不考虑铺设道砟时产生的动荷载	0.7607	0.2000	0.2800	0.2300	0.2350	0.1235
考虑铺设道砟时产生的动荷载	0.8566	0.2263	0.3136	0.2320	0.2820	0.1223
改变量（%）	12.61	13.15	12.06	0.87	20.44	-1.98

通过表5.5可以看出，考虑铺设道砟工况后柔性保护层的各项力学控制指标峰值除了纵向层间剪应力稍有下降，其他都有所上升，竖向位移峰值增加了12.61%，压应力增加了13.15%，横向拉应力和横向层间剪应力分别增加了12.06%和20.44%，对纵向拉应力和层间剪应力的影响很小，影响范围不超过±2%。因此铺设道砟工况对柔性保护层初始应力状态影响比较明显，尤其是竖向位移、横向拉应力和横向层间剪应力，峰值均有显著提高。

5.3.4 轨道不平顺影响

选取C62型货车作为随机动荷载的激励车辆，荷载运动速度为80km/h，荷载作用图示如图5.16所示。通过分析得到考虑轨道不平顺的随机动荷载作用下，柔性保护层的力学响应峰值以及ZK特种活载工况的力学响应峰值如表5.6所示。

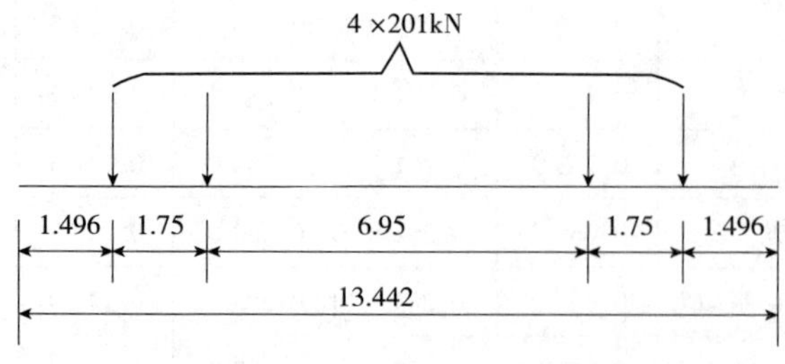

图5.16　C62型货车荷载图式（尺寸单位：m）

随机动荷载作用下柔性保护层的力学响应各指标峰值　　表 5.6

荷载工况	竖向位移(mm)	压应力(MPa)	表面拉应力(MPa)		防水层剪应力(MPa)	
			横向	纵向	横向	纵向
ZK 特种活载	0.760 7	0.200 0	0.280 0	0.230 0	0.235 0	0.123 5
考虑轨道不平顺的随机荷载	0.665 3	0.156 8	0.222 6	0.164 3	0.223 5	0.093 2

通过上述计算结果可以看出,在考虑轨道不平顺的列车随机动荷载作用下,柔性防水保护层的最大横向拉应力、纵向拉应力,最大压应力,最大横向剪应力、纵向剪应力,以及最大竖向位移值均小于 ZK 特种活载作用下的力学响应峰值,因此 ZK 特种活载作用下的柔性防水保护层受力状态更加不利。

5.3.5 综合工况影响

考虑铁路钢桥柔性防水保护层铺设道砟时动荷载导致的防护层初始变形、列车竖向荷载 + 挠曲力 + 制动力的综合受力工况,计算得出受力控制指标值如表 5.7所示。

综合工况作用下的柔性保护层力学响应峰值　　表 5.7

荷载工况	竖向位移(mm)	压应力(MPa)	表面拉应力(MPa)		防水层剪应力(MPa)	
			横向	纵向	横向	纵向
ZK 特种活载	0.760 7	0.200 0	0.280 0	0.230 0	0.235 0	0.123 5
综合工况	0.920 6	0.230 0	0.321 2	0.260 6	0.302 3	0.127 3
改变量(%)	21.02	15	14.70	13.30	28.64	3.08

综合考虑荷载组合及铺设道砟工况后,各项力学控制指标的峰值均明显上升。柔性防护层的竖向位移峰值增加了 21.02%,压应力峰值增加了 15%,横向拉应力和纵向拉应力峰值分别增加了 14.70% 和 13.30%,防水层横向剪应力和纵向剪应力峰值分别增加了 28.64% 和 3.08%。

5.4 考虑层间接触的耦合体系防水界面动响应分析

分别在钢轨上施加 ZK 特种活载和考虑轨道不平顺的随机动荷载,计算得到数值结果后进行对比分析。

5.4.1 ZK 特种活载

首先通过有限元分析可以得到,在防水黏结层与钢板和保护层完全接触状态下，保护层、黏结层和钢板三个结构层的最大剪应力和正应力，见表5.8，表中拉应力为正，压应力为负。

保护层、防水黏结层和钢板界面应力有限元分析结果 表5.8

钢板和防水黏结层界面		黏结层和保护层混凝土界面		防水黏结层	
最大正应力 σ_1 (MPa)	最大剪应力 τ_1 (MPa)	最大正应力 σ_2 (MPa)	最大剪应力 τ_2 (MPa)	最大正应力 σ_3 (MPa)	最大剪应力 τ_3 (MPa)
-0.771 6	0.320 6	-0.092 1	0.044 9	-0.162 0	0.131 2

从表5.8中不同界面对应的应力值可以看出，层间剪应力和正应力沿着防水黏结层和保护层混凝土界面上的应力值，与沿着钢板和防水黏结层界面上的应力值并不相同。钢板界面的应力值远大于混凝土界面的应力，这与室内抗剪和拉拔试验中，绝大部分破坏均出现在防水黏结层和桥面钢板之间相吻合。因此在防水保护体系的应用中，防水黏结层是整个体系发生脱层滑移等病害的关键层。特别是钢板和黏结层界面，病害主要发生在此相交界面，在结构设计和材料选择上要预防此类破坏。因此，下文进行数值分析时以钢板和防水黏结层界面上的应力为研究对象。

下面主要分析ZK特种活载作用下耦合体系钢板与防水黏结层的层间剪应力变化规律，最大层间剪应力—荷位变化曲线见图5.17。

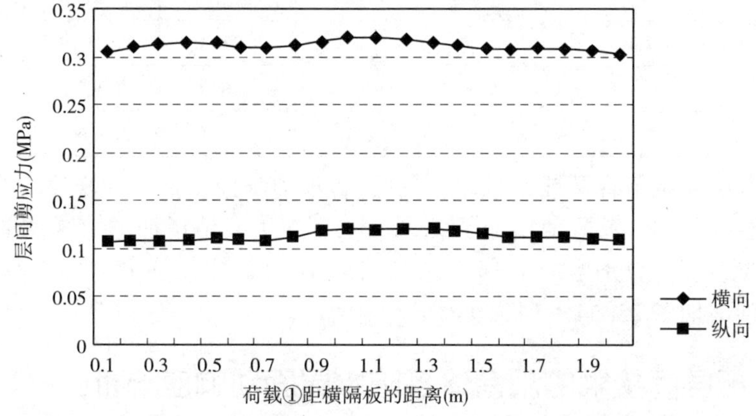

图5.17 ZK特种活载沿桥面纵向移动—跨层间剪应力—荷位分布曲线

从图5.17可知，最大横向和纵向层间剪应力随列车的纵向荷位移动变化规律相似，都呈现波形变化，并且最大横向和纵向层间剪应力出现在相同位置，均在荷载①距横隔板1.0～1.1m处。横向层间剪应力和纵向层间剪应力的最大值分别为0.320 6MPa和0.081 2MPa，因此防水黏结层和钢板之间更易发生横向层间剪切破坏。

选取 ZK 特种活载沿纵向中心线从横隔板上方到跨中的移动过程,分析层间剪应力随纵向荷位变化的曲线,如图 5. 18 所示。

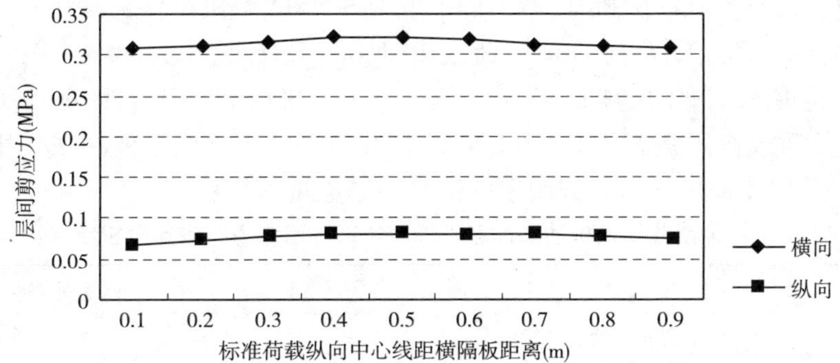

图 5. 18　ZK 特种活载沿桥面纵向移动时层间剪应力—荷位分布曲线

在 ZK 特种活载沿纵向中心线由横隔板上方移动到跨中时,最大横向和纵向层间剪应力呈现先增大后减小的趋势,层间剪应力最大值均出现在荷载中心线距离横隔板 0. 4m 处。因此,该区域最容易发生层间滑移及剪切破坏。

在 ZK 特种活载作用下,防水黏结层和钢板层间剪应力的应力分布云图见图 5. 19。由图可见,横向层间剪应力的最大值出现在荷载下方轨枕两侧对应的保护层区域;纵向剪应力集中分布在荷载下方轨枕对应的保护层区域。这些区域是发生层间剪切破坏的危险区域,并且更易容易发生防水黏结层和钢板的横向层间滑移及剪切破坏。

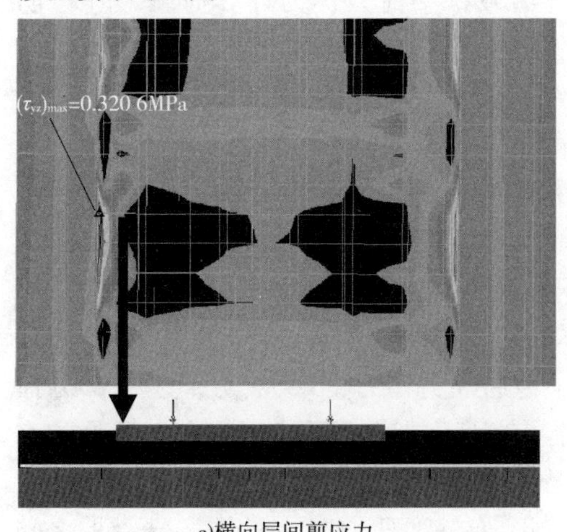

a)横向层间剪应力

b)纵向层间剪应力

图 5. 19　列车荷载作用下层间剪应力分布云图

5.4.2 轨道不平顺影响

考虑轨道不平顺的随机动荷载作用时，选取 C62 型机车作为随机动荷载的激励车辆，荷载运动速度为 100km/h，荷载作用如图 5.16 所示。

考虑轨道不平度的随机动荷载工况下，完全接触状态下界面剪应力的分布和 ZK 特种活载作用状态下基本相同，但是峰值均小于 ZK 特种活载作用的峰值(表 5.9)，因此 ZK 特种活载作用下的防水黏结层抗剪切状态更加不利。

ZK 特种活载和随机动态加载下耦合体系界面应力有限元分析结果 表 5.9

荷载工况	钢板界面		保护层界面		防水黏结层	
	最大正应力 σ_1 (MPa)	最大剪应力 τ_1 (MPa)	最大正应力 σ_2 (MPa)	最大剪应力 τ_2 (MPa)	最大正应力 σ_3 (MPa)	最大剪应力 τ_3 (MPa)
ZK 特种活载	−0.771 6	0.320 6	−0.092 1	0.044 9	−0.162 0	0.131 2
考虑轨道不平度的随机动荷载工况	−0.556 2	0.150 9	−0.052 1	0.014 9	−0.132 0	0.071 2

从表 5.9 中可以看出，桥面结构耦合体系中防水黏结层的两个界面“钢板—防水黏结层”和“保护层—防水黏结层”中，钢板与防水黏结层界面的层间应力值明显高于保护层与防水黏结层界面上的应力值，再一次证明钢板与防水黏结层之间的黏结是整个防水体系中最容易发生滑移、剪切破坏的位置。

综合上面的分析，下文将采用 ZK 特种活载移动荷载作为计算荷载，并以“防水黏结层—钢板”界面上的应力为研究对象进行分析。

5.4.3 不同界面接触状态影响

在铁路混凝土桥梁和公路钢桥上，对桥面防水系统的要求尤为严格，由于防水系统的性能不仅与材料性能、结构设计有关，与施工工艺的质量也密不可分，因此也一直是施工过程中的难点。对于铁路钢桥桥面防水保护体系，桥面板和保护层之间的防水黏结层同样面临这种问题。防水黏结层性能优良，即层间黏结性好时，由于最接近层间连续状态，其承受的保护层传递的剪切力也最大，分担了一部分荷载压力，这将直接改善防水系统的耐久性能，有利于提高桥面使用寿命。但是防水黏结层设计不合理或是施工质量欠佳时，保护层与钢板之间将失去黏结作用，处于光滑状态，导致保护层内应力场的变化。因此，有必要研究防水黏结层与钢板之间在不同接触状态情况下防水界面的力学响应。

在桥面防水体系耦合数值分析模型中，通过设置钢板与防水黏结层之间接触单元的层间摩擦系数改变桥面板与防水黏结层之间的接触状态。在 ADINA 软件中，摩擦系数可以设置为任意非负实数，根据研究的层间状态选取合适的层间摩擦系数。当层间摩擦系数 $\mu=0$ 时，层间接触状态为黏结失效；层间接触状态为部分接触时，取 $\mu=10$、100、1 000 三种情况；当桥面钢板与防水黏结层之间不设置接触单元时，层间接触状态为层间完全连续，即完全接触。不同接触条件下，防水界面的应力计算结果如表 5.10 所示。

不同层间接触条件下防水界面应力状态对比 表 5.10

层间接触状态	层间摩擦系数 μ	τ(MPa)	σ(MPa)
黏结失效	0	0.450 4	-1.109 6
部分接触	10	0.440 1	-1.020 3
	100	0.422 4	-0.931 0
	1 000	0.375 0	-0.847 0
完全接触		0.320 6	-0.771 6

从表 5.10 和图 5.20 可以看出，当层间状态由完全接触逐渐变为部分接触，再到黏结失效的过程中，防水界面剪应力和正应力都呈单调增加的变化趋势。同时，摩擦系数越小，层间剪切滑移的趋势越显著。因此，当层间接触状态为光滑时，界面剪应力的增加容易导致防水黏结层和钢板出现滑移甚至疲劳开裂。因此，一旦层间黏结发生破坏，整个桥面防水体系处于较低的强度之下，受力状况极为不利。

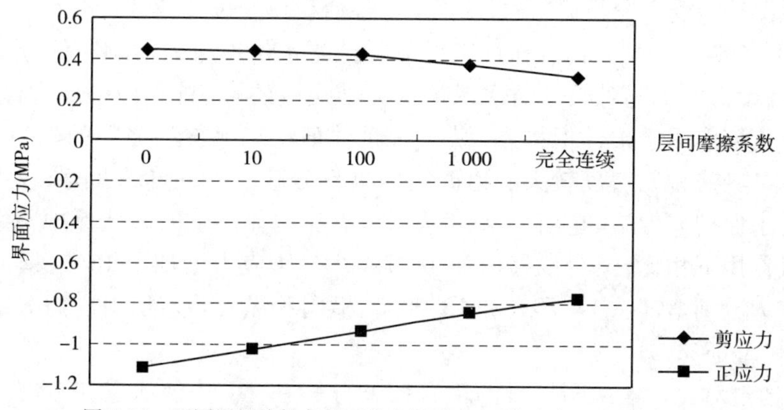

图 5.20 不同层间接触条件下防水界面应力(拉应力 +，压应力 -)

当层间状态由完全接触恶化为黏结失效时，剪应力和正应力分别增加了 40.49% 和 43.81%。由此可见，防水层与桥面板之间的层间接触状态对桥面结构防水界面应力的影响均较为显著。因此，层间防水黏结层的设置不当，不仅会导致层间趋于剪切滑移的危险状态，还将增大桥面结构发生疲劳开裂的风险，有可能使水分下渗，危害钢板的使用安全。

通过上述分析可见，桥面防水保护体系中钢板与防水黏结层的接触条件非常重要。如果层间黏结材料性能不够好或是黏结层施工得不到严格控制，则会导致防水黏结层失效，使得层间处于滑动状态，直接影响整个桥面结构的强度，滑移和裂缝必然导致层间接触状况进一步恶化，形成恶性循环。

5.5 本章小结

(1)在 ZK 特种活载作用下，最大竖向位移分布在荷载作用的中心区域，最大横向拉应力出现在轨枕两侧以及纵肋上方对应的区域，最大纵向拉应力出现在轨枕下方对应的区域，这些均是保护层易发生开裂破坏的区域。横向拉应力明显大于纵向拉应力，横向拉应力是铁路钢桥环氧沥青柔性保护层的主要力学控制指标。

(2)在 ZK 特种活载作用下，横向层间剪应力峰值分布在荷载下方轨枕两侧对应的保护层区域，纵向剪应力峰值分布在荷载下方轨枕对应的保护层区域。

(3)在考虑轨道不平顺的情况下，列车在机动荷载作用下柔性保护层的最大横向拉应力、纵向拉应力，最大压应力，最大层间横向剪应力、纵向剪应力，以及最大竖向位移的数值均小于 ZK 特种活载作用下的力学响应峰值。因此，在进行铁路钢桥柔性保护层受力分析时，可以将 ZK 特种活载作为设计荷载。

(4)从铁路钢桥特有荷载作用工况下柔性防水保护层力学响应的分析结果可见，考虑铺设道砟工况对柔性防水保护层力学响应的影响较为显著。因为列车荷载并不是直接作用于柔性保护层，纵向力通过车轮与保护层之间的轮轨系统（铁轨、轨枕结构层）以及厚度较大的道砟结构进行分散传递，所以列车荷载组合工况对柔性防水保护层力学响应的影响不大。综合工况作用下的柔性保护层力学响应与静荷载作用下相比，竖向位移增加了 21.02%，压应力增加了 15%，横向和纵向表面拉应力分别增加了 14.70% 和 13.30%，横向和纵向防水层剪应力分别增加了 28.64% 和 3.08%。

(5)通过对比考虑层间接触的耦合模型分别在 ZK 特种活载和考虑轨道不平顺的随机动荷载作用下防水界面的应力分布，得到 ZK 特种活载作用下的防水黏结层抗剪切状态更加不利。钢板与防水黏结层之间的黏结是整个防水体系最容易发生滑移、剪切破坏的位置。

(6)当耦合模型中防水黏结层与钢板的层间接触状态由完全接触逐渐变为部分接触,再到黏结失效的过程中,防水界面剪应力和正应力都单调增加,分别增加了40.49%和43.81%。因此,层间接触状态对桥面结构防水界面应力的影响均较为显著。

第6章　混凝土梁桥桥面铺装动力分析

6.1　概述

水泥混凝土梁桥应用较为普遍，以往对混凝土桥梁的桥面铺装重视不够，铺装层开裂、车辙等病害常有发生，影响行车舒适性和安全性，甚至出现病害进一步恶化导致桥面铺装对混凝土桥面板起不到防护作用。

混凝土梁桥的桥面铺装体系在行车荷载、梁体变形和环境等因素的复合作用下，与普通的混凝土路面相比，受力和变形条件要复杂得多。我国的混凝土梁桥，一般不单独进行桥面铺装设计，通常参考路面设计规范中道路路面的面层结构进行桥面沥青混凝土铺装结构的设计，忽略了因桥梁和道路在结构上的不同、材料特性的不同而造成的铺装层力学响应上的差异，难以满足混凝土桥梁桥面铺装层功能性及结构性的双重需要。

混凝土梁桥较为常见的横断面形式有T形梁、小箱梁和箱梁等几种。本章在分析混凝土梁桥桥面铺装力学特性时选取小箱梁节段作为研究对象，计算桥面沥青铺装层和黏结层在车辆动荷载作用下的力学响应，为铺装设计及施工提供理论参考依据。

6.2　混凝土连续梁桥桥面铺装有限元模型

6.2.1　混凝土梁桥仿真模型

以某高速公路拓宽改建工程入城段的高架箱梁段桥为工程背景，上部结构采用预应力混凝土预制小箱梁，标准跨径基本为30m，横断面由9片箱体组成，预制段梁宽度中梁为2.400m，边梁为2.450m，相邻梁中心距为3.025m，腹板厚度0.180～0.250m。1.6m梁高的梁纵向在跨中和两端各设1道横隔板，共3道横隔板，采用双层改性沥青SMA13混合料进行桥面铺装。

沿桥纵向选取2跨梁段，建立一个足尺的三维有限元模型来分析混凝土梁桥的受力状态。采用8节点实体单元(3D Solid)来模拟SMA沥青混合料铺装层、C40钢筋混凝土铺装层及小箱梁。采用四节点薄膜单元(Shell)模拟防水黏结层。铺装体系复合结构有限元仿真模型如图 6.1 所示。通过灵敏度分析确定有限元网格划分较密，直到应力值稳定（重新划分网格后计算结果误差在 5% 以内）。轮载作用区域及其他受力关键区域划分较密，其他位置划分较粗。

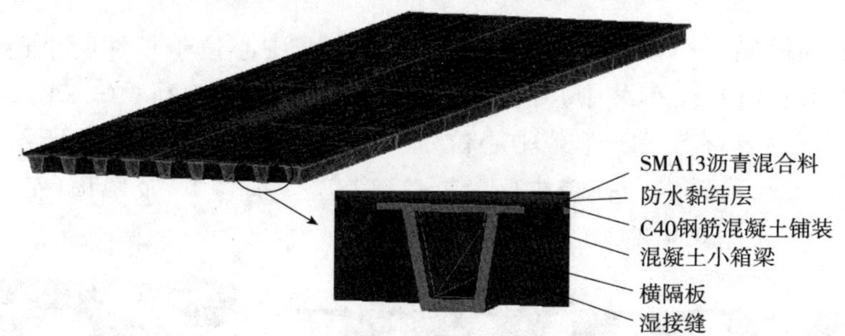

图 6.1　混凝土箱梁桥铺装体系复合结构有限元模型

对各结构层做如下假定：①各结构层为均匀、连续、各向同性的体系；②各层层间竖向、水平位移均连续；③箱梁底部支座进行约束；④不计结构的自重影响。

6.2.2　材料及荷载参数

混凝土是一个脆性材料，在低应力水平时，不会达到强度极限，保持弹性变形。C40 钢筋混凝土铺装层、小箱梁均假定为线弹性材料。参考桥面铺装及沥青混合料路面的已有研究成果，在不考虑沥青混合料随温度场变化的力学特性，且仅考虑铺装在某一温度条件下的力学响应时，将 SMA13 沥青混合料铺装层和防水黏结层在有限元模型中假定为线弹性材料，具体材料参数见表 6.1。

有限元模型计算参数　　表 6.1

结构层	厚度（cm）	模量（MPa）	泊松比
SMA 沥青混合料铺装层	10	1 200	0.3
防水黏结层	0.3	150	0.3
C40 钢筋混凝土	8	32 500	0.2
C50 混凝土小箱梁		34 500	0.2

根据我国现行《公路桥涵设计通用规范》（JTG D60—2004），高速公路与一级公路均采用公路—Ⅰ级，考虑 30% 冲击系数，轮载接地压力为 0.91MPa。为分析计算考虑，取轮胎着地的形式为矩形，计算模型采用双轮矩形均布荷载，如图 6.2 所示。轮胎与铺装

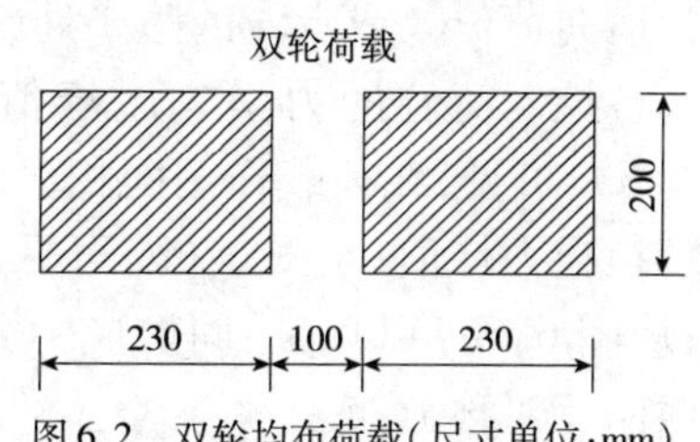

图 6.2　双轮均布荷载（尺寸单位：mm）

摩擦系数在车辆加速或制动时取 0.5。为了考虑轮胎摩擦力，车辆假设突然制动，这样就产生一个附加的正切力施加在沥青混合料铺装层表面。

6.2.3 最不利荷位静力计算

轮载沿横桥向分布设置 4 种荷位：荷位①，车载中心位于相邻两小箱梁中间湿接缝的正上方；荷位②，车载中心位于湿接缝一端的正上方；荷位③，车载中心位于一箱室一端正上方；荷位④，车载中心位于一箱室正上方，如图 6.3 所示。对于每个横向荷位工况，沿桥纵向在跨中（荷位 a）、1/4 跨（荷位 b）及墩顶（荷位 c）布置三种荷载位置，如图 6.4 所示。

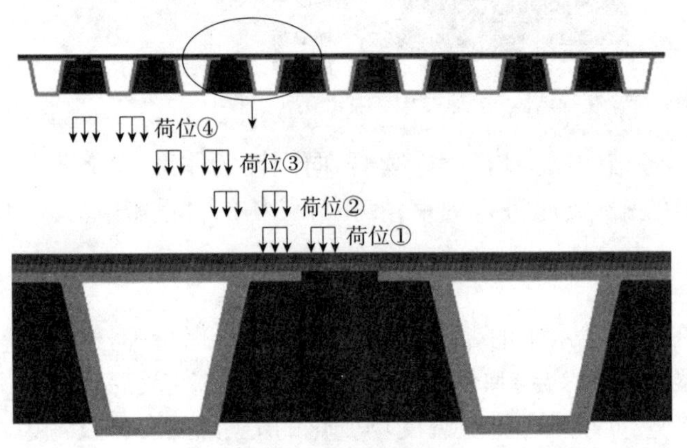

图 6.3 横桥向荷位

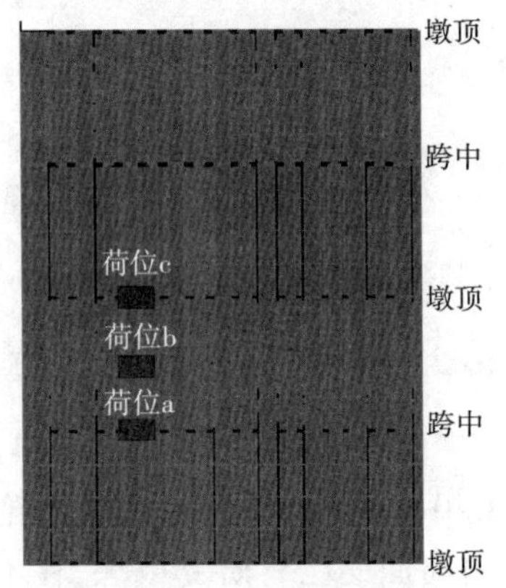

图 6.4 纵桥向荷位

根据上述荷位分布假设，分别计算铺装层的横向和纵向最大拉应力、最大层间剪应力以及挠度，计算结果如图 6.5 所示。

由计算结果可见，考虑纵桥向水平荷载作用后，铺装表面的纵向拉应力峰值均明显大于横向拉应力峰值，不同横向荷位作用条件下的各项力学响应指标变化规律也不尽相同。SMA 铺装层横向拉应力的计算控制荷位为横向荷位①的墩顶位置处（①c），纵向拉应力的计算控制荷位为横向荷位③的墩顶位置处（③c），层间剪应力的计算控制荷位为横向荷位①条件下的跨中（①a），竖向挠度的计算控制荷位为横向荷位③或者④的跨中处（③a 或④a）。

各控制荷位的力学响应峰值及分布云图分别如表 6.2 和图 6.6 所示。从图 6.6a）可见，在荷载作用面积区域内，铺装层主要表现为压应力，荷载作用之间出现拉应力峰值；从图 6.6b）可见，纵向拉应力出现在横隔板上方对应的铺装层位置；从图 6.6c）可见，层间剪应力分布在荷载作用面积区域边缘，沿荷载作用中心呈横向反对称分布。

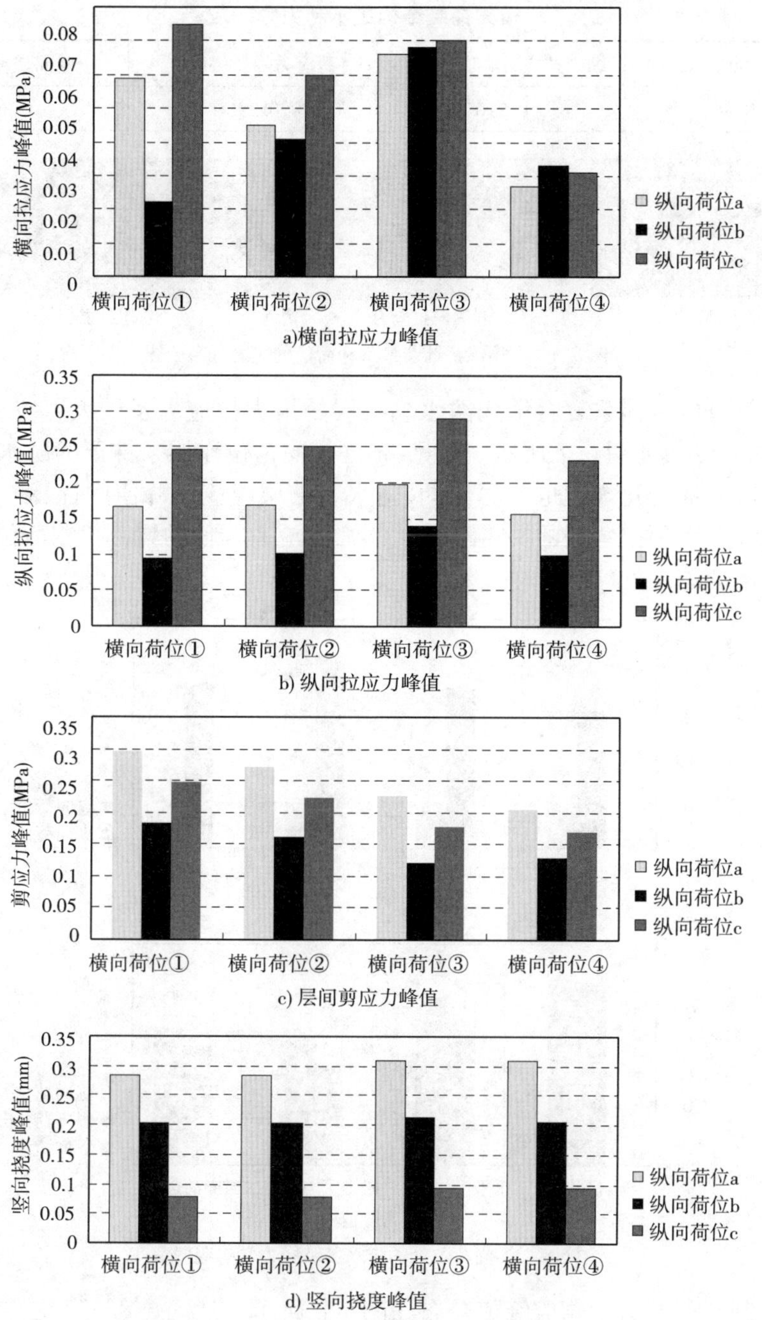

图 6.5 不同荷位处的力学响应峰值

小箱梁铺装结构最不利力学响应　　表 6.2

横向拉应力峰值(MPa)	纵向拉应力峰值(MPa)	剪应力峰值(MPa)	竖向挠度(mm)
0.075	0.290	0.296	0.309

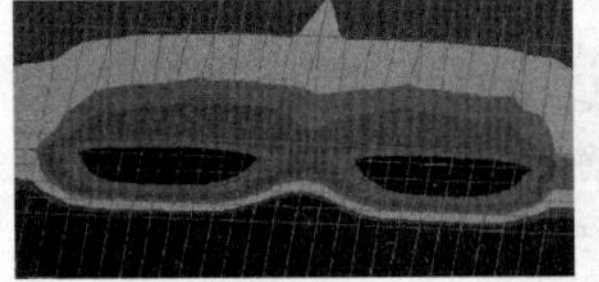
a)横向拉应力

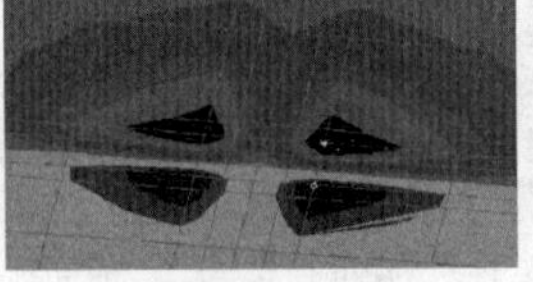
b)纵向拉应力

c)层间剪应力

图 6.6　小箱梁桥铺装最不利荷位的应力分布云图

分别计算铺装体系复合结构防水黏结层的最大拉应力及最大剪应力，得到不同荷位计算结果，如图 6.7 所示。可见，不同横向荷位作用条件下的防水黏结层各项力学响应指标变化规律也不尽相同，防水黏结层拉应力峰值的计算控制荷位为横向荷位③的墩顶位置处的 1/4 跨处（③b），剪应力峰值的计算控制荷位为横向荷位①条件下的跨中处（①a）。

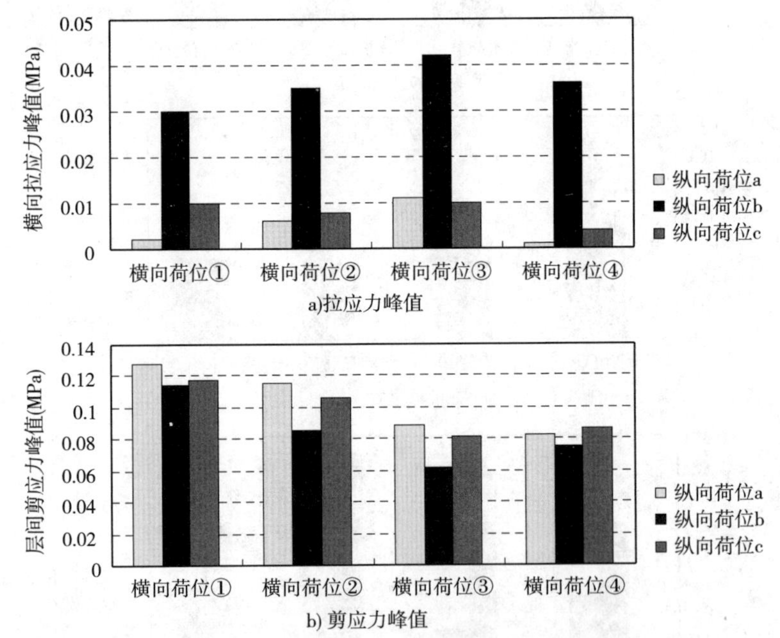

图 6.7　不同荷位处的防水黏结层力学响应峰值

各控制荷位的力学响应峰值分布如图 6.8 所示。从图 6.8a）可见，在荷载作用面积区域内，防水黏结层主要表现为压应力，荷载作用之间出现拉应力峰值；从

图 6. 8b) 可见,剪应力分布在荷载作用面积区域边缘,沿荷载作用中心呈横向反对称分布。

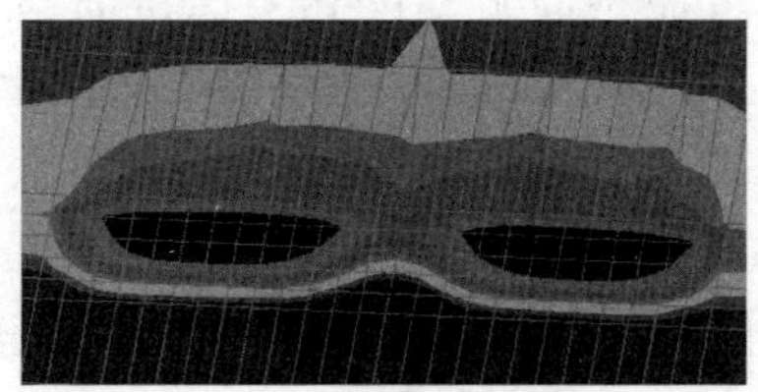

a)拉应力

b)剪应力

图 6. 8　小箱梁桥最不利荷位的防水黏结层应力分布云图

6. 3　连续梁桥铺装动力分析

6. 3. 1　桥面不平度

采用模拟路面不平度的功率谱密度函数(PSD)来表征混凝土桥面的不平度。通过三角级数法来模拟时域范围内的桥面不平度,得到桥面平整度较差情况下的相对高程变化,如图 6. 9 所示。将平整度高程作为外部激励输入车桥振动方程,便可得到车辆作用于桥面的随机动荷载,作为铺装层力学响应的外载输入。

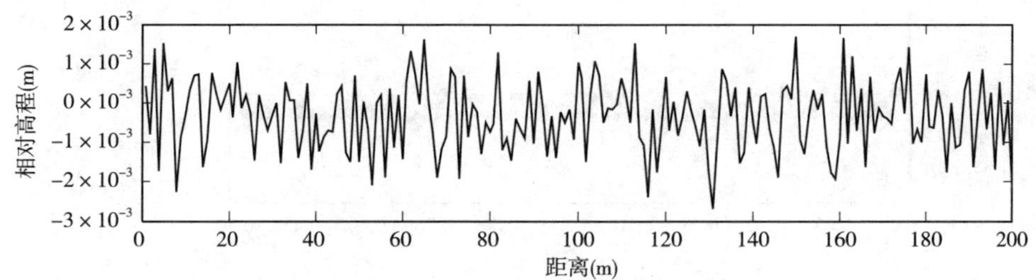

图 6. 9　桥面不平度沿纵向高程分布曲线

6. 3. 2　移动荷载

通过时间函数和时间步控制荷载的大小、作用位置以及荷载发生作用的时刻,以模拟车辆荷载在铺装层表面沿桥纵向匀速移动,根据设计资料,设计车速为 100km/h,荷载移动的最小长度为 0. 2m,荷载步总数为 68 步,移动荷载从跨中移动到一跨墩顶处,即从图 6. 4 中的荷位 a 移动到荷位 c。在计算铺装层和防水黏结层动力响应时,分别选取以上述静力计算结果的最不利横向荷位。

6.3.3 车载作用下的铺装动响应分析

图6.10为移动荷载作用下的铺装层不考虑桥面平整度和考虑桥面平整度的动响应计算结果。可见,随着行车荷载从一跨跨中向一跨墩顶移动,当不考虑桥面不平度时,拉应力峰值几乎没有明显的变化,拉应力峰值始终出现在跨中墩顶对应的铺装层表面位置;当考虑桥面不平度时,拉应力峰值变化因平整度的随机性而具有一定的随机性。随着行车荷载从一跨跨中向一跨墩顶移动,剪应力峰值在行车荷载处于跨中时达到最大值,在向墩顶移动过程中,剪应力没有明显变化,而靠近墩顶铺装层表面时,峰值又明显增加。不考虑桥面不平度和考虑桥面不平度的铺装剪应力峰值变化规律基本一致。

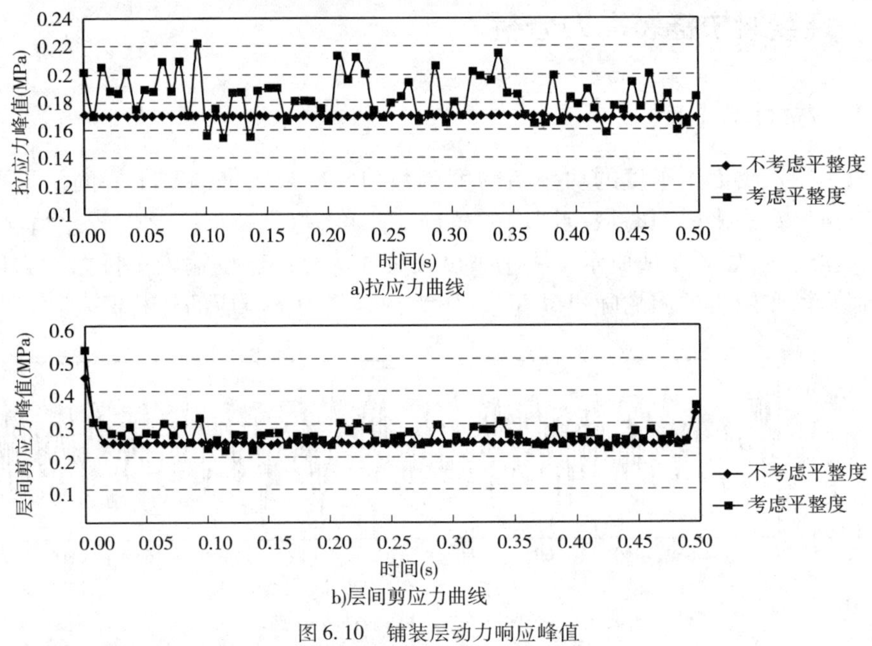

a)拉应力曲线

b)层间剪应力曲线

图6.10 铺装层动力响应峰值

将考虑刹车制动力作用下的铺装层静力响应与铺装层动力响应进行比较,如图6.11所示。可见,考虑动荷载影响的拉应力峰值明显小于静荷载作用下考虑刹车荷载的计算结果;而剪应力峰值却明显大于静荷载作用下的计算结果,增幅近达18%。

6.3.4 车载作用下的防水黏结层动响应分析

由于沥青混凝土铺装能大大缓和行车对混凝土桥面板的冲击,较易达到行车平稳舒适的要求，沥青混凝土铺装经常用于混凝土桥面。防水黏结层作为中间夹层设置在桥面板与铺装层之间，用来防止水渗透和加强界面黏结强度。当铺装层底部防水黏结层的剪应力和拉应力超过界面剪切强度和拉拔强度时，就会发生脱层破坏，影响桥面的耐久性。

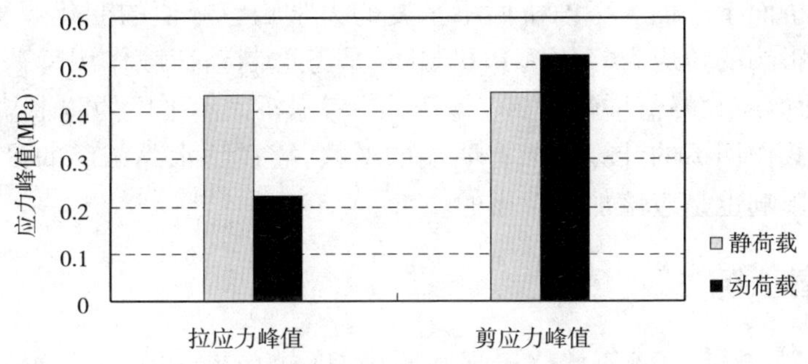

图 6.11　静荷载与动荷载作用下的铺装动响应峰值

图 6.12 为移动荷载作用下的防水黏结层不考虑桥面平整度和考虑桥面平整度的动响应计算结果。可见，当车载从跨中向墩顶移动时，拉应力峰值开始几乎没

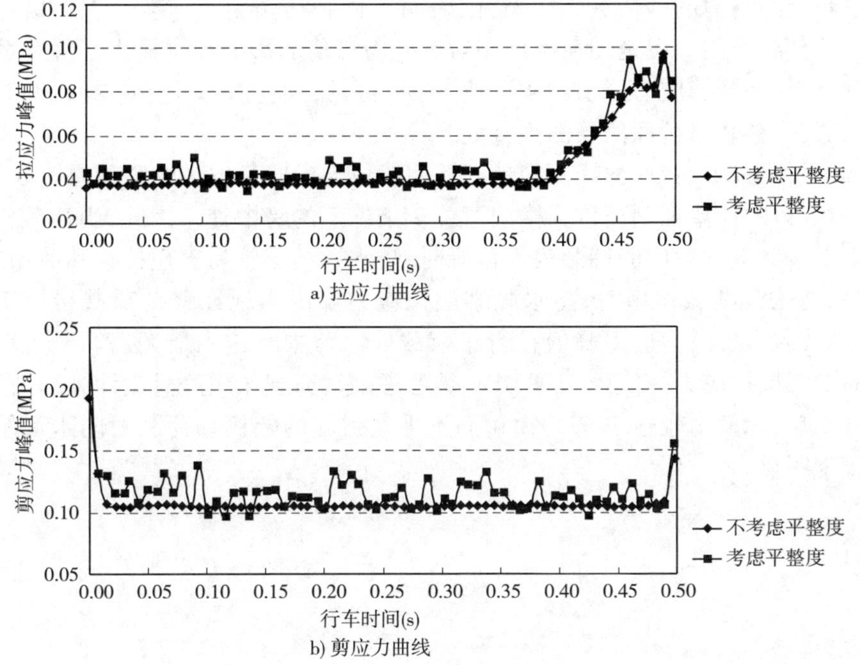

图 6.12　防水黏结层动力响应峰值

有明显的变化，当车载接近墩顶上方时，拉应力峰值有明显的增加，且最大峰值出现在荷载作用区域内。随着行车荷载从一跨跨中向一跨墩顶移动，剪应力峰值在行车荷载处于跨中时达到最大值，在向墩顶移动过程中，剪应力没有明显变化，而靠近墩顶铺装层表面时，峰值又明显增加。

不考虑桥面不平度和考虑桥面不平度的力学响应峰值的变化规律基本一致。考虑动荷载影响的拉应力峰值为0.09MPa，是考虑制动荷载作用静荷载计算结果的1.4倍；而剪应力峰值增幅达20%。可见，考虑桥面不平度的防水黏结层的力学响应比静荷载作用下的计算结果有明显的增幅，故在防水黏结层的设计与施工中对动荷载的影响也是应该加以考虑的。

6.4 本章小结

(1)铺装层拉应力峰值始终出现在墩顶对应的铺装层表面位置，说明此处较易出现铺装开裂破坏。剪应力峰值在行车荷载处于跨中时达到最大值，说明跨中较易出现铺装层剪切破坏。

(2)考虑桥面不平度的动荷载作用对铺装拉应力峰值的影响程度明显小于考虑水平制动制动力的静荷载作用情况，表明车辆制动作用对铺装开裂的破坏影响要大于动荷载作用。但是动荷载作用对剪应力峰值的影响却明显大于静荷载作用的计算结果，铺装剪应力峰值增幅可达18%，可见，动荷载作用较易导致铺装剪切破坏，尤其是铺装与桥面的层间连接处。

(3)防水黏结层拉应力峰值的计算控制荷位为横向荷位①的墩顶位置处的1/4跨处，剪应力的计算控制荷位为横向荷位①条件下的跨中处。因此，当荷载作用位置位于湿接缝上方对应的铺装表面位置时，防水黏结层较易出现拉拔和剪切破坏。

(4)考虑动荷载作用时，防水黏结层拉应力峰值出现在移动荷载接近于墩顶上方对应铺装表面；剪应力峰值在行车荷载处于跨中时达到最大值。考虑动荷载影响的黏结层拉应力峰值为0.09MPa，是考虑制动荷载作用静荷载计算结果的1.4倍；而剪应力峰值增幅达20%。由桥面不平度引起的随机动荷载对防水黏结层的受力较为明显。

参 考 文 献

[1] 黄卫. 大跨径桥梁钢桥面铺装设计理论与方法[M]. 北京:中国建筑工业出版社,2006.

[2] 李昶,顾兴宇. 大跨径钢桥桥面铺装力学分析与结构设计[M]. 南京:东南大学出版社,2007.

[3] 黄卫. 大跨径桥梁钢桥面铺装设计[J]. 土木工程学报,2007,40(9):65-77.

[4] 陈团结. 大跨径钢桥面环氧沥青混凝土铺装裂缝行为研究[D]. 南京:东南大学,2006.

[5] 刘立新. 沥青混合料黏弹性力学及材料学原理[M]. 北京:人民交通出版社,2006.

[6] European Asphalt Pavement Association (EAPA). Asphalt pavements on bridge decks [R]. Brussels:EAPA Position Paper,2013.

[7] 徐勋倩,张晨,孙科祥. 钢桥面铺装在行车荷载与环境温度共同作用下疲劳损伤分析[J]. 工程力学,2010,27(11):76-81.

[8] 钱振东,刘龑. 整桥—温度—重载耦合作用下钢桥面黏结层力学分析[J]. 东南大学学报(自然科学版),2012,42(4):729-733.

[9] 王勖成. 有限单元法[M]. 北京:清华大学出版社,2003.

[10] Chopra A K. Dynamics of structures[M]. 3rd Ed. Prentice Hall, New Jersey: Englewood Cliffs, 2006.

[11] 唐友刚. 高等结构动力学[M]. 天津:天津大学出版社,2002.

[12] 克拉夫 R W,彭津 J. 结构动力学[M]. 北京:科学出版社,1985.

[13] 钱振东,张磊,陈磊磊. 路面结构动力学[M]. 南京:东南大学出版社,2010.

[14] 翟婉明. 车辆—轨道耦合动力学[M]. 北京:中国铁道出版社,2001.

[15] 刘云. 大跨径斜拉桥钢桥面铺装动力响应分析[D]. 南京:东南大学,2006.

[16] 钱振东,黄卫,杜昕,等. 车载作用下大跨径缆索支承桥桥型对铺装层受力的影响研究[J]. 中国工程科学,2006,8(9):35-41.

[17] 钱振东,刘云,郑彬. 大跨度公铁两用斜拉桥公路桥面铺装层受力特点分析[J]. 土木工程学报,2011,44(6):138-142.

[18] 张磊,伍石生,黄卫,等. 面向桥面铺装动力响应分析的多尺度桥梁模型[J]. 中国公路学报,2012,25(3):87-93.

[19] Liu Yun, Qian Zhendong. Dynamic analysis of pavement on long span steel bridge decks [J]. Journal of Southeast University (English Edition), 2008, 24(2): 212-215.

[20] 钱振东,刘云,黄卫. 考虑不平度的桥面铺装动响应分析[J]. 土木工程学报, 2007,40(4):49-53.

[21] 周运海. 响螺湾海河开启桥开启与闭合过程有限元数值模拟[D]. 天津:天津大学,2008.

[22] Qian Zhendong, Chen Leilei, Jiang Chenlong, et al. Performance evaluation of a lightweight epoxy asphalt mixture for bascule bridge pavements [J]. Construction and Building Materials, 2011, 25: 3117-3122.

[23] Qian Zhendong, Chen Chun, Jiang Chenlong, et al. Development of a lightweight epoxy asphalt mixture for bridge decks [J]. Construction and Building Materials, 2013, 48: 516-520.

[24] Liu Yun, Qian Zhendong, Zhang Lei, et al. Mechanical properties of epoxy asphalt mixture pavement with lightweight aggregate applied on bascule bridge [J]. Journal of Southeast University (English Edition), 2012, 28(3): 321-326.

[25] 东南大学桥面铺装课题组. 天津海河响螺湾开启桥钢桥面铺装技术研究报告[R]. 南京:东南大学桥面铺装课题组,2009.

[26] 刘云,钱振东. 立转式开启桥钢桥面铺装结构的应力状态分析[J]. 公路交通科技,2014,31(1):55-60.

[27] 张磊,钱振东,刘云. 立转式开启桥铺装结构静动响应分析[J]. 东南大学学报(自然科学版),2010,40(6):1271-1275.

[28] 刘腾爱. 立转式开启桥动静态桥面铺装力学性能数值模拟分析[D]. 南京:东南大学,2009.

[29] 钱振东,刘云,王江洋,等. 铁路钢桥环氧沥青柔性保护层在特种活载作用下的力学响应[J]. 振动与冲击,2012,31(6):1-4.

[30] 钱振东,刘云,戴胜勇,等. 铁路钢桥环氧沥青柔性保护层受力控制指标值研究[J]. 土木工程学报,2012,45(1):148-153.

[31] 郑彬. 铁路钢桥桥面防水黏结层力学特性及界面应力特性研究[D]. 南京:东南大学,2011.

[32] 李子春. 轨道结构垂向荷载传递与路基附加动应力特性的研究[D]. 北京:铁道部科学研究院,2000.

[33] Liu Yun, Wu Jiantao, Chen Jun. Mechanical properties of a waterproofing adhesive layer used on concrete bridges under heavy traffic and temperature loading [J]. International Journal of Adhesion and Adhesives, 2014, 48: 102-109.

[34] Chen Leilei, Qian Zhendong, Hu Hanzhou. Epoxy asphalt concrete protective course used on steel railway bridge [J]. Construction and Building Materials, 2013, 41: 125-130.

[35] Liu X, Medani T O, Scarpas A, et al. Experimental and numerical characterization of a membrane material for orthotropic steel deck bridges: Part 2 Development and implementation of a nonlinear constitutive model[J]. Finite Element in Analysis and Design, 2008, 44: 580-594.

[36] 刘云,于新,戴忧华,等. 混凝土箱梁桥铺装防水黏结层力学性能[J]. 同济大学学报:自然科学版,2012,40(1):57-61.

[37] 刘云. 考虑温度—车辆耦合的准低温季节混凝土桥铺装应力分析[J]. 上海公路,2013(3):16-20.

[38] 戴忧华. 水泥混凝土桥面防水黏结层力学分析及性能研究[D]. 南京:东南大学,2006.